「曲を作るときっていうのは、
打ち込みはI．N．A．ちゃんに任せて、僕は初期衝動を吐き出すという。
そのコンビネーションが暗黙の中ではっきりしていた。
だから、本当に2人でやっているバンドだなって思うよ」

hideインタビューより抜粋
――「uv」Vol.10（AUGUST 18.1996／ソニー・マガジンズ）

JN193358

君のいない世界

hideと過ごした
2486日間の軌跡

I.N.A.
(hide with Spread Beaver)

君のいない世界

うるさい！　うるさい！　あぁ、もうやめてくれ！

朝まで呑み明かし、やっと寝入ったばかりの二日酔いの頭の中に、容赦なく着信音が鳴り響いた。

「誰だよ……こんな朝っぱらから……うるせぇな」

枕元の携帯電話に手を伸ばすと、レコード会社のｈｉｄｅ担当ディレクター、後藤さんが震える声で話しはじめた。

「もしもし、Ｉ．Ｎ．Ａ．ちゃん大変だよ、松本さんが死んじゃったよ……。いま、広尾病院なんだけど……」

はぁ？　……ああ、またか。またやったか。怪我でもしたか？

病院？　まさかの入院？

「もうねぇ……ったく。で、こんどは何？　何やったんすか？」

僕は、心配よりも先に、眠りを邪魔されたことに苛立った。

「違うんだよ、I.N.A.ちゃん、違うんだよ！　死んじゃったんだよ！
松本さんが……、hideくんが、ほんとに死んじゃったんだよ!!」

「……………え？」

「いま、裕士くんと、ご両親たちも到着して、ほんとなんだよ！　I.N.A.ちゃんも早く……」
後藤さんの声がだんだん遠のいていき、やがて時間が止まった。
心臓がドクンと1回大きな音をたてて鳴り、それから少しの静寂のあと、僕の部屋は絶叫に包まれた。

1998年5月2日
目が覚めると君のいない世界がはじまっていた。

CONTENTS

プロローグ

1993年6月13日

この日、僕とhideは、原宿で行われた「hideソロデビュー発表イベント」の打ち上げからの流れで、数人のスタッフと共に六本木にある馴染みのBAR「パラノイア・カフェ」へ足を運び、酒を酌み交わしていた。

Xのアルバム『Jealousy』のアートワークスを担当した、特殊メイク・アーティストのスクリーミング・マッド・ジョージさんがオーナーを務めるこの「パラノイア・カフェ」は、ぶっ飛んだ内装と、大音量で流れる「ナイン・インチ・ネイルズ（NINE INCH NAILS）」の海賊版ミュージックビデオとのマッチングが最高にカッコ良かった。マッド・ジョージさんデザインによるハリウッド仕込みの奇抜すぎるインテリアは、まさに異次元レベルで、ひと言で言うならSFホラーとグロのテーマパーク。赤やピンクの粘膜状に造形されたグロテスクな壁からは、人々の悶え苦しむ顔面が生々しく浮き上がり、天井からは、数百個の大小様々な目玉が飛び出し、瞳を大きく見開きながらこちらを睨みつけている。さらには、ＶＩＰ席が鉄格子の中だったり、トイレに居座る等身大フィギュア男がコトの最中ずっと覗き込んできたり、真っ赤なカクテルに目玉が浮いていたりで、いかにもｈｉｄｅが好きそうな、遊び心に溢れた店だった。

ソロデビュー発表イベントが途中で中止になってしまったことは非常に残念だったが、２枚のシングル「EYES LOVE YOU」と「50% & 50%」の完成を目前にして、レコーディング漬けの毎日を送っている僕らにとって、今日の打ち上げはリフレッシュのための良い気分転換になった。

僕とｈｉｄｅの「呑み」は、ロックに対する熱い気持ちを語り合い、音楽を奏でる喜びを分かち合い、時には意見の食い違いからケンカになり、殴り合いの末、友情がより深まり、などということは一切なく、では、いつもどんな会話をしていたのかと考えてみても、そもそも記憶のほとんどがアルコールと一緒に蒸発してしまっているので、覚えているはずもないのだが（笑）。

ただ、この日はいつもと少し違っていた。いまでも記憶は鮮明に蘇ってくる。

僕には、それまでスタジオ・ミュージシャンとして活動を続けてきた中での葛藤があった。アーティストやバンドをサポートし、自分以外の人のために音楽を作る。それがスタジオ・ミュージシャンの仕事であるわけだが、そこには自分が本当にやりたいことが自由に出来ないというジレンマも常につきまとっていた。

純粋に自分の音を出してみたい。自分にしか出来ないサウンドを鳴らしてみたい。自由に音楽を作りたい。ｈｉｄｅはそんな僕の心を見抜いていたのだろうか？　それが可能な場所を、僕に与えてくれた。

「イナちゃん、俺と一緒に（音楽）やらない？」

「え？」

突然の告白だった。

「一緒にって、もうやってるじゃん」

「違うんだよ、もし、一緒にやるなら、俺のことだけに専念して欲しいんだ。イナちゃんの才能を切り売りさせたくないんだよ。ほかのとこに使うチカラがあるなら、俺のとこに全部使ってもらいたいんだ」

男気溢れる直球勝負の口説き文句に戸惑う僕。さらに彼はこう続けた。

「ただ、これだけは言っておきたいんだけど、俺に雇われているって考えるのはやめてほしいんだ。良いものは良い。悪いものは悪い。遠慮せずに、何でも言ってほしい。じゃなきゃ、一緒にやる意味ないし、やれないから。これから俺は、自分が良いと思った人達を集めて最高で最強のチームを作りたいんだ」

急すぎる展開に正直、不安もあった。

しかし、ｈｉｄｅのこの言葉で、すべての迷いは吹っ飛んだ。

「イナちゃんの才能を、俺だけのために使って欲しいんだ」

それから数週間後、気がつけばＬＡの青い空の下、８畳間ほどのプリプロルームで、ふたりしてシコシコと音楽を作り続ける日々がはじまっていた。

出会い

X、そしてHIDEに出会うまで、僕はいわゆるプロのスタジオ・ミュージシャンとして活動していた。シンセサイザー、シーケンサー、ドラムマシン、エフェクター、コンピュータなどレコーディングに必要な機材一式をワゴン車に山積みにして、都内のレコーディングスタジオを駆け回る毎日だった。今日はCMのレコーディング、明日は劇伴、ミュージカル、ビッグバンド、演歌、歌謡曲……文字通りジャンルの壁を大きく超えた数々のスタジオ・ワークスをこなす日々が続いていた。

そもそもスタジオ・ミュージシャンとは何だろう？　名前は聞いたことがあっても実態はよくわからない。そんな人も多いのではないだろうか。

バンドなど特定のグループには属さない一匹狼のミュージシャンをイメージしてほしい。彼らは、その演奏力を武器に、ソロシンガーやアーティスト、バンドからの依頼を受け、レコーディングに参加したり、ライブをサポートしたりする。プロジェクトによっては、演奏以外に作曲やアレンジもこなさなくてはならないため、様々なジャンルに対応出来る音楽的スキルや個性なども必要となってくる。

僕の場合は「シンセサイザーの音作り」と、コンピュータに音楽を演奏させるための音符データをプログラミングする作業、通称「打ち込み」に特化したスタジオ・ミュージシャンだった。当時は「シンセサイザー・プログラマー」と呼ばれ、仕事のフィールドは、レコーディングスタジオでの音作りと打ち込みがほとんどだった。

そんな僕にXのマニピュレーターをやらないか？　という話が舞い込んできた。

1991年の夏のことである。

マニピュレーターとは、シンセサイザー・プログラマーから二次的に発生した職種であり、その役目をわかりやすくひと言で説明するならば、ライブにおいて「バンドメンバーがリアルタイムで演奏している音以外の音を出す人」である。仕事の内容は、バンドやアーティストのスタイル、時代によっても若干変わってくるが、共通しているのは、シーケンサー（コンピュータによる自動演奏）のスタート&ストップ、バンド演奏とコンピュータの演奏を同期させるためのクリック（メトロノーム音）の管理、サウンドエフェクトの操作などが挙げられる。

例えば、キーボードがいないバンドでピアノの音が鳴っている場合や、生演奏がないアイドルやダンス系アーティストのステージでバンドの音が鳴っている場合など、これらは、すべてマニピュレーターが管理し制御していると言って良いだろう。

アルバム『Jealousy』を完成させたXは、全国ツアー「Violence In Jealousy Tour 1991 〜夢の中にだけ生きて〜」を敢行するにあたって、ステージクルーを一新した。同時にマニピュレーターをバンドにつけることになり、不思議な巡り合わせで僕に話が回ってきたのである。

その頃のXといえば、日本のロック界の常識を覆し、破竹の勢いでメジャーの世界を邁進する、無敵のバンドであったことはみなさんご存知のとおりだろう。

だが、僕といえば、「R&B」「ソウル」「ファンク」など、ブラック・ミュージックに傾倒しており、ロックの世界のことなどまったくもってわからず、あろうことか、Xというバンドの存在すらも知らなかったのだ。いま思えば、こんな人間を受け入れてくれたメンバーや、当時、マネージメントを担当していたCBSソニーのスタッフには感謝しかない。とにかく、リハーサルがはじまるまでに、Xを知っておかなければと、資料のライブビデオを観まくることにした。

驚いた。こんな世界があったとは……。まさにヴィジュアル・ショックである。

そして……恐い。というのが第一印象だった(笑)。

普段スタジオに籠って、コンピュータでピコピコやっているシンセ屋の僕が、ここで何をやればいいのだろうか？　まったくわからなかった。ただ、バックステージから狙ったカメラに、ほんの一瞬だけ映った、ライブ直後のメンバー達の笑顔を見た時、なぜだか妙な安堵感を覚えた。

「自分に何ができるのか？　わからないけど、まずは飛び込んでみよう」

そう思えたのだった。

リハーサルは7月12日から、世田谷にある大型リハーサルスタジオ「TAD POLE STUDIO」ではじまった。この話を頂いてから、Xメンバーの酒伝説？　破壊伝説？　居酒屋入店禁止伝説？　などなどの噂が、絶え間なく耳に入ってきていたこともあり、リハ初日は、どんなに恐ろしい連中がやってくるのだろうかと、内心ドキドキだった。しかし、そこに現われたメンバー達は、意外にも僕の持っていたイメージとは掛け離れた、人当たりの良い、やさしそうな人達ばかり。なかでも印象的だったのがＨＩＤＥだった。

この日は、「ＨＩＤＥの部屋」と呼ばれるライブのソロコーナーで使うＳＥ（効果音）を構築していく作業が行われた。その中で、ＨＩＤＥ自身の叫び声が必要となり、彼の声をサンプリング・レコーダーに録音することとなった。

録音にノイズが入らないよう、スタジオ作業は僕とＨＩＤＥのふたりで行われた。60畳以上もあるスタジオに、いまさっき出会ったばかりの男がふたりきりでという、シュールな展開の中、作業は進められた。

「じゃあ、僕がこのボタンを押したら録音スタートなので、叫んでください。（……どうぞ）」

「ぅぎゃ〜〜〜」

作業は無言で進められていく。

「（……どうぞ）」

「ぅわぁぁぁぁああああああ」

「（……どうぞ）」

「ヒャッハハハハハッ〜〜」

「（……どうぞ）」

「………。ん〜、なんか、恥ずかしくなってきたからもういいや」

そう言って、照れ臭そうにスタジオを出て行った姿と、ハニかんだ表情がいまでも忘れられない。

ロサンゼルス

ツアーが終わったあとも、僕はXと活動を共にした。横浜アリーナ公演直後に行った、キャパ350人のライブハウスeggmanでの「シークレット・ギグ」、フル・オーケストラとの共演「X with オーケストラ」、東京ドーム3DAYS「破滅に向かって」をマニピュレーターとしてサポート。さらには、YOSHIKIと小室哲哉氏のユニット「V2」のライブやレコーディングにも参加した。

「X」が「X JAPAN」になり、アルバム『ART OF LIFE』のレコーディングのために渡米することになった1992年の夏、YOSHIKIに「一緒に来て欲しい」と誘われた僕は、それまで勤めていたシンセサイザー・プログラマーの会社を飛び出し、彼らと共にロサンゼルスに上陸した。文字通り、運命共同体の一員になったのだ。

いつかは行ってみたいと憧れていたハリウッドに、まさか自分が住むことになるとは、まるで夢のようだった。

……とはいえ、現実はそう甘くはない。日本とアメリカでの生活習慣の違いは、想像以上のストレスとなって襲いかかってきた。まず、言葉がわからない、通じない。電話の掛け方や、ゴミの捨て方もわからない。食事をするのもひと苦労だった。滞在先のアパートメントは、あの有名なハリウッドサインから、西側に山をひとつふたつ越えた辺りの、山の麓を切り開いた広大な宅地の一角に建っていた。周りをフェンスで囲まれた敷地内は住民以外立ち入り禁止という、下界とは完全に切り離されたロケーション。一番近いスーパーマーケットやレストランでも、徒歩圏内を遥かに越えた距離にあり、車の無い僕は、自由に食事に出かけることも出来ない環境だった。もちろん隔離されている分、セキュリティは高かったのだろうが、何をするにも不便極まりなく、メンバーやスタッフのみんな、あの陸の孤島でよく生きていたなとつくづく思う。名前は忘れもしない「Oakwood Apartments」。広大な敷地にポツンと佇む小さなコンビニが、僕にとっての唯一のライフラインだった。

しかし、そんなストレスも、HIDEやスタッフ達と飲み歩くことで、随分と解消されたことを思い出す。お気に入りの店を見つけるために、現地のコーディネーターを連れて日本食レストランや居酒屋を探しては渡り歩いた。みたらし団子のタレがかかった、なんちゃってテリヤキチキンの店、数ヵ月前に発砲事件があったという居酒屋、深夜2時以降酒類販売禁止なカリフォルニアの法律を無視して湯呑み茶碗にビールを注いで夜中まで飲ませてくれる寿司屋、チップが足りません！　と叫びながら走って追いかけてくる居酒屋、いろんな店を探訪した。

そんな中で、ロサンゼルスのダウンタウンに位置するリトルトーキョーと呼ばれる日本人街に、「KARAOKE」が出来る飲み屋を見つけた僕らは、レコーディングの合間を縫っては、よくそこへ出かけて行った。日本人のママが経営する、ちょっと変わった店で、BARでもないし、CLUBでもない、いわゆるカラオケ・パブとでもいったところだろうか？　ここホントにLAかよ？　という昭和な場末感が、逆に心地良かったりもした。ママはそこそこ年配のおばちゃんで、僕らが行くと、「よく来たね〜息子たち〜」といつも笑顔で迎えてくれた。

カラオケ・パブではあるが、みんなカラオケをやるわけではなく、メインは「呑み」。ただ、一度だけＨＩＤＥが歌ったことがあった。曲は沢田研二の「時の過ぎゆくままに」。当時のＨＩＤＥの歌といえば、通称ミンミン声のイメージしか思い浮かばなかったが、普通の歌声で歌っていることにビックリしたものだ。もしかすると、彼のカラオケを聴いたのは、この時が最初で最後だったかもしれない。あれから25年以上もの間、何千回？　いや、何万回かもしれないくらい、彼の歌声を聴き続けているっていうのに。

ハードコアテクノくん

プログラマーとしてX JAPANのLAレコーディングに同行してきた僕だが、最初のうちは出番もなく、各メンバーそれぞれのレコーディングに立ち会ってみたり、自室に籠ってコツコツと音色作りをしてみたり、みんなで遊園地に行ったり、ゴルフに行ったり、呑みに行ったり、呑まれに行ったり。LA生活を思い返せば、すごく働いていたような気もするが、すごく遊んでいたような気もする。それにしても、遊んでいた時の記憶しかない！ というのは、どうなのだろうか。まぁ、仕事っぷりは音源にしっかりと残っているので良しとして、ともかく、HIDEとはよく遊んだ。そして、そのうち、遊びは音楽にも及ぶようになった。

「イナちゃんがやってるのって、打ち込みっていうの？ あれさ、ちょっと覚えたいんだけど、遊びでいいから教えてくんない？」

LAに来て、1ヵ月が過ぎようとしていたある日、HIDEから電話が入った。部屋に行くと、「KORG T3」という、シンセ音源、ドラム音源、シーケンサー（打ち込み機能のこと）が一体化したオール・イン・ワン・シンセサイザーが1台置いてあった。

「あれ？　これどうしたの？」

「Xで余ってるやつ借りてきたんだけど、これで打ち込み出来る？」

いまどきは、ノートパソコンやタブレット、それこそ、スマホのアプリでも簡単に打ち込み音楽は作れてしまう。しかし、当時、打ち込みで音楽を作るためには、大掛かりなシステムを組まなければならず、それなりに専門知識も必要だった。このシンセは、打ち込み機能も搭載されており、ビギナーでもわりと簡単に扱える種類のものではあったが、何もわからない状態から楽曲制作までもっていくには、少々ハードルが高めではある。その日は、機材のひと通りの説明をし、僕は帰宅した。

翌日、再び電話が鳴る。

「なんか、よくわかんないから、また教えてくんない？」

部屋の前に着くと「♪ドン・ドン・ドン・ドン……」とドラムの基本パターンのようなビートが聴こえてきた。何を作ってるんだろう？　Xの曲？　じゃないよな、このビートは……。てか、ちょっと打ち込み出来るようになってるじゃん。


「おはよう！」そう言って部屋に入ると、ＨＩＤＥは陽当たりの良いリビングに機材を並べ、作業に没頭していた。彼の部屋は、アパートの最上階フロアにあり、窓から差し込む午後の陽射しと、カリフォルニアの乾いた風が、とても気持ちよかった。

「で、何がわからなかった？　あぁ、なるほど、ハイハットを細かくするには、ここのモードをきりかえて、８分音符を順番に……」

などと、打ち込み方法をレクチャーする僕。最初のうちは「うん、うん、」と頷いていたＨＩＤＥだったが、ふと、気がつけば、ん？　返事が無い。

「…………」

静寂。そして、微かに聞こえる、スースースーッという呼吸音。

え？　寝息？　寝てるのか？　寝てるのかぁああああ!!

と、心の中で叫びつつ、静かに静かに、部屋のドアを閉め、自室に戻るI．N．A．なのであった。

さらに翌日も電話は鳴る。

「もしもし、イナちゃん、ちょっと来てほしいんだけど」

僕らが住んでいた「Oakwood Apartments」は、広大な敷地にA棟からZ棟までナンバリングされた、3階建てのアパートが建ち並ぶ、大型団地のような住宅施設だった。僕の部屋からHIDEの部屋までは徒歩5分。電話を貰えれば、すぐに行ける距離である。あれから作業は進んだのかな？　などと考えてる間に到着するが、今日は部屋の中から何も聴こえてこない。どうしたのかな？　ノックをすると、なかばキレぎみのHIDEが出てきた。

「あぁ、もう、出来ねぇ。こんなん、やってたら曲なんか一生できねぇ」

話を聞いてみれば、曲のアイデアが浮かんでも、打ち込みに手間取っている間に、そのアイデアが次から次へと消えていってしまうので、どうにも進まないということらしい。なるほど、典型的な「打ち込みあるある」だ。

HIDEは何のための曲作りをしているのかを説明しだした。

「今度、『LUNA SEA』のJとINORANと俺の3人で、ユニット組んで、コンピレーション・アルバムに参加することになってさ、それの曲を作ってたんだけど、この調子でやってたら一生かかっても曲出来ねぇから、イナちゃん、手伝ってくんないかな? ハードコアテクノとロックを合体させたようなの、やってみたいんだよね」

そう言って聴かせてくれたのが、当時、UKレイヴシーンを賑わす存在となっていた英国のバンド「プロディジー(The Prodigy)」だった。その頃のプロディジーは、打ち込みを前面に出した、アシッド系のテクノサウンドという感じで、え? HIDEって、こんなジャンルの音楽も聴いてたの? と驚いたものだ。

90年代のはじめは「キリング・ジョーク(Killing Joke)」や「ミニストリー(Ministry)」な

どに代表される、インダストリアル・ロックが広まりつつあった時代でもあり、これらの音楽には、ヘヴィなギターリフと打ち込みドラム、サンプリングやノイズ、シンセサイザーなどの、いわゆるデジタルサウンドの要素が多く使われていた。

新しモノ好きなＨＩＤＥは、その辺りにいち早く目をつけていて、自分がＸ ＪＡＰＡＮと離れた場所で音楽をやるにあたってのコンセプトのひとつとして、バンドサウンドでは出せない音＝「デジタルサウンド」の導入を目論んでいたようである。当然、その制作には、プログラマーの存在が不可欠だった。

これは面白そうだな。Ｘとはまったく違ったアプローチで、しかも、シンセがメイン扱いで打ち込みもガッツリ。断る理由なんかないだろ。っていうか、やりたい。

「やる！　やらして！」

僕の参加が決定した。

さっそく制作に！　と勢い付いたが、そもそも、ＨＩＤＥも僕も、Ｘ ＪＡＰＡＮのレコーディングのためにＬＡに来ているわけで、そちらを疎かにするわけにはいかない。制作はふたりの空き時間をうまく使いながら行おうと取り決めた。まずは、僕の作業。ここ数日の間にＨＩＤＥがひとりで作った、打ち込みによるデモ曲のベーシックを持ち帰り、自室にあるコンピュータとサンプリングマシンですべてを解体。ドラムの音色を差し替えたり、新しいフレーズを入れてみたり、デモをブラッシュアップし、再構築していった。

「もしもし、ＨＩＤＥちゃん？　出来たよ〜」

「オォ、聴きたい！　じゃあ、イナちゃんとこ行くわ」

「もしもし、イナちゃん？　今日はギター入れてみようかな」

「オッケー、じゃあそっち行きまーす」

僕らは時間を見つけては、お互いの部屋を行き来し、作業を進めていった。そうやって完成したデモ音源は「ハードコアテクノくん」と名付けられた。

第一弾のデモは、ボーカルなしのインストゥルメンタル（歌のない、楽器のみで構成された楽曲）だったが、ゴリゴリのシンセサウンドをメインリフに据えた、打ち込みで攻めまくるアレンジは、これまでのＨＩＤＥの作風とはまったく異なり、ＨＩＤＥ自身、このデモ音源を日本で待っているJとINORANに届けるのを楽しみにしていた。しかし、この届けるという行為が、いまとは違って、ひと苦労で、時間的なロスも大きかった。

インターネットの普及した現代では、LAと東京であれば、常にオンラインで繋がっていることも可能なわけで、レコーディングした楽曲データをネットを使ってワンクリックで共有するなんてことも、いまでは当たり前のことである。しかし、時は1992年、ネットワークで世界中が繋がるなんてSF映画の話か？　という時代である。ネットの夜明けはまだまだ先のことであり、出来上がった「ハードコアテクノくん」が録音されたデモテープ一式は、磁気を遮断するケースに厳重に梱包され、国際航空郵便で日本へと送られていった。さて、到着までに何日かかるのだろう？　そして、無事に届くのだろうか？　デモテープと一緒に送ったフロッピーディスクの中身（コンピュータとサンプリング音色データ）が、税関のセキュリティで使うX線で消えてしまうんじゃないかと心配だった。

それからしばらくすると、「ハードコアテクノくん」を聴いたJ、INORANチームから連絡が入った。データも無事だったようだ。彼らはHIDEが作った打ち込み全開サウンドの意外性にかなり驚いていたそうで、今後は、このデモ音源を基軸に、日本チームもプログラマーを立て、データのやり取りをしながら制作していく段取りとなった。プログラミングは、吉川晃司・布袋寅泰、両氏によるユニット「COMPLEX」のマニピュレーター、三浦憲和くんにお願いすることになった。彼は、僕の昔からの知り合いで、久しく会っていなかったが、声を掛けさせてもらったところ、快く引き受けてくれたのだった。

さらに1週間くらい経った頃だろうか、日本チームから国際郵便が届いた。デモ音源やデータ類が送られてきたのだ。僕らの作ったデモ音源がどんなふうに改造されているのだろう？　さっそくふたりで聴いてみた。

「おおおぉお、カッコイイ!!」

日本から戻ってきたリニューアル版「ハードコアテクノくん」に興奮するHIDE。オーケストラヒットを効果的に使ったリフが加わり、曲の中盤にはINORAN作のアンビエント・テクノコーナーも挿入されていた。

これがコラボレーションというやつか。自分が作ったモノが人手に渡り、ぶっ壊されて、作り直され、さらにカッコ良くなって戻って来る。僕にとっては、初めての経験だった。なんとも刺激的である。

ＨＩＤＥが満面の笑みで声をあげた。

「イナちゃん、歌入れよう！　歌！　明日からレコーディングスタジオ行って作業しよう!!」

うん、これは面白くなりそうだ。

翌日、僕らはNORTH HOLLYWOODにあるレコーディングスタジオ「THE ENTERPRISE」に入った。このスタジオはＸ　ＪＡＰＡＮがアルバム『ART OF LIFE』のため、長期的に押さえているスタジオだったが、僕らはその空き時間を狙って、ゲリラ的にレコーディングを行った。

「Ｘとは関係の無いプロジェクトだから、Ｘスタッフはもちろん、レコーディングエンジニアやアシスタントも使わないよ」とＨＩＤＥは言った。そんな、彼流のこだわりもあって、スタジオの中は僕とＨＩＤＥのふたりきりである。そうなると、ある意味、やりたい放題になってくる。普段はエンジニアに任せっきりで触ったことも無い、数百万～数千万円もするようなスタジオ機材を、おもちゃでも扱うかのように、ふたりしてガチャガチャといじくり回した。その感覚は、まるで、大人に隠れて秘密基地を作って遊んでいた、小学生の頃の「悪巧み」のようでもあり、好き勝手にやっちゃってる後ろめたさとは裏腹に、妙なワクワクを覚えたのだった。

遊びなのか仕事なのか、そんなワクワクが連続する作業を何日か続けているうちに、曲は仕上がっていった。スタジオを使えたおかげで、歌詞の無い状態ではあるが、仮歌のレコーディングも出来た。あとは、ＨＩＤＥが歌詞を書き上げるのを待つだけである。

酒と泪とヒデラと消防車

「ヒデラ」。誰が言ったか知らないが、酔っ払って怪獣に変身して大暴れするＨＩＤＥのことをそう呼ぶらしい。ヒデラのエピソードはいろいろなところで面白おかしく語られている。しかし、その場に居合わせた人間にとっては、そんなに面白い話ではなく、むしろ、リアルタイムでヒデラと遭遇している時は、ある意味、地獄なのである。

その日は、いつもの居酒屋でメシを食い、一杯ひっかけたあと、リトルトーキョーにある、日本人経営の高級大型ラウンジバーに飲みに行った。ＨＩＤＥと僕、スタッフ数名と、ＨＥＡＴＨも一緒だった。そこは、ＬＡ出張中の日本のテレビ業界関係者やタレントさんが、プライベートで遊びに来るような有名店だった。店内に入ると、まずＢＡＲエリアがあり、さらに奥へ進むと、綺麗なお姉さま達が接客をしてくれるＣＬＵＢエリアが広がっている。

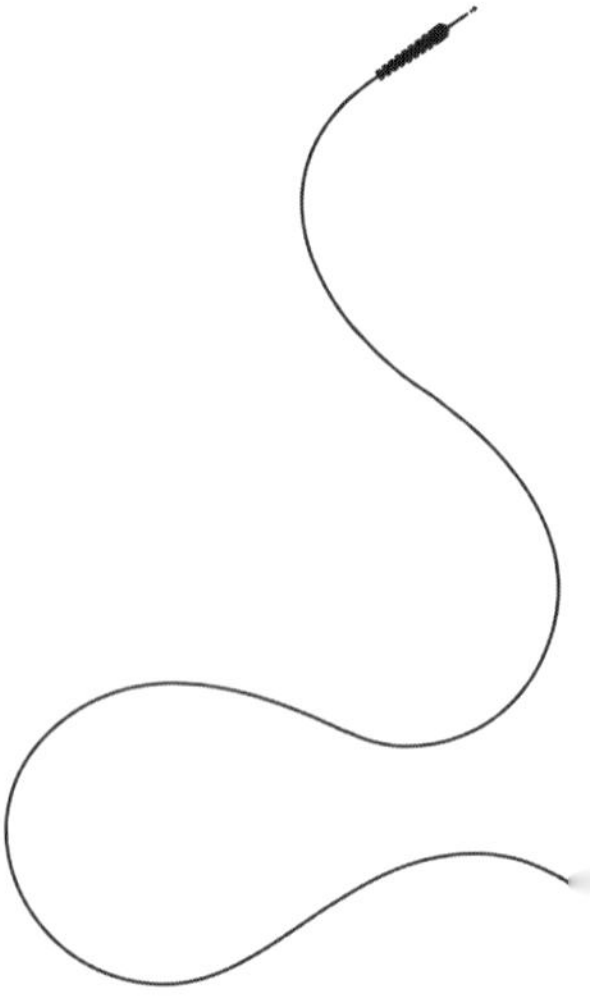

僕らは最初、ＢＡＲエリアでおとなしく飲んでいたが、バーボンが進むにつれてパーティションの向こう側、お姉さまエリアが気になってくる。これぞ男の悲しいサガか？

「よし、あっち行ってみっか」

黒服を呼び寄せてなにやら耳打ちをするＨＩＤＥ。僕らはそのままＣＬＵＢエリアになだれ込んだ。

「いやぁ〜、楽しかった〜」はずであった。ヒデラさえ現れなければ……。

僕は過去に何度もヒデラと遭遇し、被害にあってきたが、その出現パターンはいくつかある。引き金となるのは「喜び」「怒り」「哀しみ」「楽しみ」だったりする。って全部じゃねぇか（笑）。とにかく、酩酊状態において、何らかが原因で、感情が高ぶり、興奮状態になると「変身っ!!」が起きるのであった。

この日は、「楽」のパターンだろう。なぜなら、店を出てみんなでエレベーターに乗って、女の子達が「ありがとうございました〜、サンキュ〜♡」と手を振って、ドアが閉まる瞬間までのＨＩＤＥは、ニコニコ顔の天使だったからだ。しかし、天国で乗ったはずのエレベーターは、地下駐車場に着くまでの間に、「地獄行き」に変わっていった。

エレベーターが3階から奈落へ向かって動き出すと、ＨＩＤＥは突然そのドアを蹴りはじめた。一同、わけもわからず「えぇぇぇぇぇ??」である。蹴りはどんどん激しくなり、1階を通り過ぎる頃には飛び蹴りに変わり、地下についてドアが開いた瞬間、彼は駐車場へ飛び出していった。上の階でゾンビに噛まれて下の階に着いた時には、もうゾンビになっていて、すぐさま人間に襲いかかる。まさにそんな感じである。

駐車場に飛び出したＨＩＤＥは、柱に設置されたガラスのケース入りの消火器を見つけると、わき目もふらずに突進して行き、消火器めがけて空手チョップを繰り出した。「ガシャーン!!」と大きな音をたててガラスが飛び散った。さらに、破壊されたガラスケースの中から消火器を取り出し、それを担ぎ上げながら、駐車場を走り回った。

「やばい！　やばい!!」

「何やってんすかぁ!!」

全員でＨＩＤＥを追いかける。真夜中の鬼ごっこ開始である。

暴れまくるＨＩＤＥをみんなで捕まえて、消火器を取り上げ、アメリカならではのドデカいフルサイズバンの後部座席に押し込んだところで、今度はほんとの鬼がやってきた。騒ぎを知った黒人のセキュリティが、鬼の形相で駆け寄って来たのである。

「やばい！　逃げろ！　車だせ!!」

誰かが叫んだ。

近づいてくるセキュリティに向かって、走り出そうとする車の窓からＨＩＤＥがわめき散らす。

「なんだ、テメぇ！　俺は何年こっちに住んでると思ってんだ！」

って、相手アメリカ人だし、明らかに彼のほうが長く住んでいそうだし、しかも、日本語まったく通じていないし（笑）。さておき、とにかくここから逃げなくては。

僕らを乗せた車は、まるでハリウッド映画のカーチェイスのワンシーンのように、タイヤをキーッと鳴らしながら駐車場を飛び出した。

しばらく車を走らせると、いきなりＨＩＤＥがうめき声をあげた。

「うぅうう、痛ぇえええええ……」

なんと、左の手のひらがバックリと割れ、大流血しているではないか。マジか。さっきのガラス破壊でやってしまったようだ。いますぐにでも応急処置をしなければいけないが、手元には何も無い。アパートまでの距離は1時間、さっきの店には戻れない。どうする？

「そうだ、ママの店行こう！　Uターン！」

例のカラオケ・パブに車を走らせた。

閉店間際の店内に滑り込み、事情を話すと、すぐにママが応急処置を施してくれた。ガーゼと包帯で止血をしてもらい、さらに傷口まわりを氷で冷やしてもらっているうちに、ヒデラはおとなしくなり、活動を停止した。

「相当、深い傷だから、明日になったらすぐに病院に行かないとダメよ」

ママは、そう言って僕らを送り出してくれた。

警察沙汰にもなり兼ねないような大騒ぎがやっと収まり、一同ほっと胸を撫で下ろし帰路についた。……のも束の間、フリーウェイを走りはじめると、やっとおとなしくなったはずのＨＩＤＥが、突然ムクっと起き上がった。ヒデラ、まさかの再起動。まさかのアンコールである。というか、いままでがオープニングで、こっからが本編か？

「ん……あぁ？　どこだここ？」

「もう帰るんだよ、ＨＩＤＥちゃん。家に向かってるんだよ」

「ざけんなぁぁぁあぁぁ！　降りる‼」

次の瞬間、時速１００キロ以上で走っているバンの後部スライド・ドアをいきなりガラっと開け、飛び降りようとするＨＩＤＥ。

「わぁああ！」

スタッフが抱きついて車の中に引き戻す。再び、ＨＩＤＥドア開ける。飛び出す。スタッフ抱きつく。引き戻す。ドア開ける。飛び出す。抱きつく。戻す。そんな攻防戦を何度も何度も繰り返し、「Oakwood Apartments」に着く頃には、もう、みんな汗だくのヘロヘロになっていた。

やっとのことでアパートに着いたはいいが、まだまだエンディングは先だった。車から降りた僕らは、ＨＩＤＥが自分の部屋に帰るのをしっかりと見届けるために、全員で部屋の前まで送って行くことにした。階段を使って部屋のあるフロアまで上がったところで、ヒデラが壁のアイテムに目をつけた。

「FIRE ALARM」

あぁ、よりによって「非常ベル」とは。アパートに設置されている非常ベルは、建物を縦断する長い廊下の端から端まで、一定の間隔でいくつも並んでいた。日本のものと比べると形状が少し違っていて、押しボタン式ではなく、大昔のブレーカーのように、取っ手をガシャンと引き下げるタイプ。しかも「PULL DOWN（引き下げろ）」とご丁寧に書いてあったりするからタチが悪い。いや、タチが悪いのはヒデラのほうか。ともかく、それを見つけたヒデラは、廊下の端から順番にレバーをガシャンガシャンと下ろしていった。

「ジャァアアアアン、ジリリリリリ……」

深夜3時過ぎのアパート中に、けたたましく警報が鳴り響いた。次から次へと鳴りはじめ、音はどんどんでかくなる。アルコールと血の気が一気に引いていった。ベルを止めようにも、レバーは完全にロックされていて戻すことも出来ず、僕らは真っ青になり「やばい！　逃げろ！」と慌てふためいた。

「ＨＩＤＥちゃん早く自分の部屋に入って！」

ドアの前まで連れて行くが、鍵が見当たらず部屋に入れない。そうこうしているうちに、アパートの住人達が何ごとか？　と廊下に出て来はじめて、本格的にやばくなってくる。逃げ場を失った僕らは、同じフロアのＨＥＡＴＨの部屋に駆け込んだ。すぐに鍵をかけ、電気を消して気配も消した。Ｘ　ＪＡＰＡＮの現場マネージャーに電話をして「とにかく、いますぐ来てくれ」と呼び出した。

部屋を真っ暗にしてマネージャーの到着を待っていると、いつの間にか警報は止まっていた。廊下から話し声が聞こえてくるので、ドアに耳を当てると、住人達が「ここの部屋に入っていったぞ。ここの奴がやったんだ」と話している。窓の外をうかがうと、サイレンと共にやって来た消防車が1台……2台……合計4台も。

「あれ？　ＨＩＤＥちゃんがいない！」

なんと、元凶のＨＩＤＥはといえば、ＨＥＡＴＨの寝室で、ベッドに大の字になり大いびきをかいていた。マジか……。もう笑うしかなかった。いやいや、笑えねぇよ。笑えない、絶対。

ほどなくマネージャーが到着、ことのいきさつを説明していると、誰かがドアをノックした。なんと覗き穴の向こうには、防火服に身を包んだ消防士の姿が。

いよいよラストのクライマックスか。

「隠れていてください。ここはなんとかします」

そう言うとマネージャーはドアをゆっくりと開けた。頼もしい。ていうか、お前、英語出来たっけ？　僕らは隠れた部屋のドアの隙間から、そのやりとりを見守った。消防士が話しはじめる。

「(非常ベルを鳴らした奴がここに入っていったと、アパートの住人達が言っているけど本当か？)」

「hahaha…… I don't know.（そんなわけないだろ、知らないよ)」

ジェスチャー付きでシラを切った。

「(火事ではないようだが、イタズラじゃないのか？)」

「I am Japanese. I don't understand.（ワタシ日本人デス、ナニモワカラナイヨ)」

そこから先は何を言われても、このひと言で返し続ける若きマネージャー。すげぇなこいつ(笑)。やりとりはしばらく続いたが、消防士も「話にならんわ」といった表情をしたあと、諦めて帰って行った。

はぁ〜助かった。全身のチカラが抜けていった。

「とりあえずHIDEさんは寝かしたままにして、みなさん自分の部屋へ帰りましょう」

マネージャーのひと言で解散となった。長い夜がやっと終わった。可哀想なのは、HEATHである。翌日には「ART OF LIFE」のベースレコーディングが控えているというのに……。

その後、HIDEは左手の怪我のせいで、ギターレコーディングの日程を変更せざるを得なかった。さすがにしばらくは反省していたようだが、数日後、ウチに遊びに来た時は悪びれた様子もなくこんなことを言っていたっけ。

「イナちゃん、やばいんだよ、傷口が塞がってきたのはいいんだけど、痒くて痒くて、頭おかしくなりそうなんだよ。ああぁぁ〜痒いぃぃいいい、でも、掻けねぇんだよぉお、おぉ、痒いぃイイイ、ちくしょぉぉ〜ぅ！」

なるほど、これがみんなが口を揃えて言う、憎めない理由か。

それから数週間後、HIDE・J・INORANによるユニット「M×A×S×S」の楽曲は完成した。タイトルは「FROZEN BUG」と名付けられた。

「この曲の歌詞はね、作る前の日かなんかにちょっと暴れちゃったのね、酒飲んで。メッチャクチャやっちゃったのね、よく生きてたなっていうぐらい（笑）。～中略～　その時に、俺の頭の中には虫がいて、酒を飲むとアルコールでそれが解凍される。それがわけわかんないことという。そういう歌です（笑）」

ｈｉｄｅインタビューより抜粋――「ROCK'N'ROLL」Vol.81（JANUALY 27.1994／ソニー・マガジンズ）

hideソロプロジェクト始動

渡米して、そろそろ4ヵ月が経とうとしていたある日、僕の部屋に日本からの国際電話が入った。「ART OF LIFE」のギターレコーディングを終え、ひと月ほど先に帰国していたHIDEからだった。

「もしもし、HIDEですけど、あ、イナちゃん元気？」

しばらくぶりに聞く、ぼそぼそっと喋る、鼻にかかった声がなんだか妙に懐かしかった。

「今度さ、『ZI:KILL』ってバンドのボーカルのTUSKって奴とビデオを作るんだけど、サウンドトラックが必要なんだよね。一緒に手伝ってくれないかな？」

HIDE＋TUSKが企画・原案・主演・音楽を務める異色の映像作品『Seth et Holth（セス・エ・ホルス）』のことであった。映像はまだ撮影されていなかったが、音源だけ先に作ることになったらしい。

「う〜ん、でもXの作業あるかもしれないし、どうしよう?」

「じゃあ、俺のレコーディング手伝わなきゃいけないからって言って、休みもらって帰って来なよ」

僕は、X JAPANから1週間の休暇をもらい、一時帰国した。

スタジオ作業は今回もHIDEとふたりきりだが、「FROZEN BUG」での前例もあり、作曲やアレンジ、打ち込み作業はスムースに進んでいった。1週間で何曲作っただろうか? サウンドトラックということもあり、きっちりとした楽曲構成ではなく、曲のモチーフのようなものをいくつも作った。

実験的な曲作り方法に挑戦し、アイデアを具現化するための試行錯誤を繰り返し、そうやって生まれた『Seth et Holth』の楽曲たちは、のちのhideソロプロジェクトにおけるサウンドメイキングの基盤となっていった。この1週間の作業を通して、ふたりがプリプロダクション(音源制作において、本格的なレコーディングの前に行う、作曲やアレンジ、デモ音源のレコーディングなどの総称。通称:プリプロ)を進めるにあたっての、独自の手順やノウハウを構築することが出来たのだった。サイボーグロックへの第一歩はこの時からはじまっていたのである。

レコーディングは僕がＬＡに戻る日の朝まで行われた。密度の濃い時間を過ごしたあとの疲労感はとても心地よく、僕は成田へ向かうリムジンバスの中で、深い眠りについた。


それからさらに数ヵ月が経った1993年2月下旬、僕は「ART OF LIFE」に関する自分の仕事をすべて終え、ＬＡのアパートを引き払い帰国した。

帰国後、しばらくすると、ｈｉｄｅのマネージャーから一本の電話が入った。「ＨＩＤＥ」が「ｈｉｄｅ」として、ソロデビューするというのだ。

「お疲れ様です。ｈｉｄｅさんがソロ活動の音楽制作用にコンピュータを覚えたいそうなんですけど、何を買ったら良いのかもわからないので、とりあえず、試しに稲田さん（Ｉ．Ｎ．Ａ．の本名）のコンピュータを貸して頂けませんか？」

僕は音楽制作ソフトがインストールされた「Macintosh（マッキントッシュ 別名：Ｍａｃ）」とシンセサイザー音源の機材一式を持って、ｈｉｄｅの自宅を訪ねた。日本のｈｉｄｅ宅におじゃまするのは今回が初めてだったが、リビングに案内されてビックリした。目に飛び込んできたのは、棚や床にびっしりと並べられた無数のアルコール・ボトル。ファンの人達から頂いたものらしいが、日本酒・バーボン・ビールにアブサン・焼酎・どぶろく・テキーラ……何でもあった。酒屋ごと貰ったのか？　というくらいの本数だった。

そして、それらに混じって「Ｍａｃ Ｆａｎ」「はじめてのＭａｃ」といった、パソコン雑誌も散乱していた。なるほど、自分自身で本格的に打ち込みをはじめる気なんだな。

僕のＭａｃには、ＭＯＴＵ社の「Performer」という音楽制作ソフトが入っていた。いわゆる、ＭＩＤＩシーケンサーソフトで、機能的には、歌やギターなどの生演奏は録音出来ないが、「打ち込み」と呼ばれるプログラミングをすることで、ドラムマシン、シンセサイザー、サンプリングマシンといったデジタル楽器を自動演奏することが可能だった。これがあれば、ある程度のデモ音源は作れるわけだ。ひと通りの使い方を教えたが、たった1日で使いこなせるような代物でもないので、僕は、そのまま機材を置いて、ｈｉｄｅ宅をあとにした。

それからというもの、ｈｉｄｅは何かあるたびに、僕の自宅へ電話を掛けてくるようになった。携帯電話が普及する前の時代なので、電話といえば自宅なのである。その内容は「電源が入らない」「音が出ない」「全部消えちゃった」などなど……ウチはパソコン無料相談所ではないっ！ というものがほとんどだった。ビックリしたのは、僕が彼女の家にいる時、部屋の電話が鳴ったので、出てみると「あ、hideですけど」とひと言。「えええェ？ 何で知ってるの？」とおもわず声が出た。彼女の家の電話番号をなぜ？ どこでどうやって？ その時は「まぁね」と言ってはぐらかされたが、X JAPANのバックにはCIAでもついているんじゃないか？ と本気で思ったりもした。

2〜3週間経った頃だろうか、hideがこんなことを言い出した。

「Macで歌とかギターとかレコーディングできるのあったら買いたいんだけど、調べてくんないかな」

当時、MOTU社の「Performer」をベースにした、オーディオ録音が可能な音楽制作ソフト、「Digital Performer」がリリースされてはいたが、「Macintosh」の最上位機種でしか動かすことが出来なかったため、僕自身、実際にそれを触ったことはなかった。「Digital Performer」の輸入代理店に問い合わせてみたところ、店舗にデモ機があるので、見に来ませんか？ という話になった。

僕とｈｉｄｅはすぐにアポを取り、ふたりで「Digital Performer」の話を聞きに行った。現状でのソフトのスペックは、「打ち込み＋４トラックのオーディオ録音が可能」ということだった。

《説明しよう！　４トラックのオーディオ録音とは？》

ひと言で説明するならば、「多重録音（マルチ・トラック・レコーディング）」。トラックと呼ばれる録音スペースがあると想像してほしい。１つのトラックには１つの楽器パートを録音出来る。４トラックならば、４つの楽器パート（例えば、ボーカル、ギター、ベース、ドラム）の録音が可能ということである。古くはカセット、ＭＤ、ボイスレコーダーなどの民生機の録音システムと違うところは、それぞれのトラックの音を、個別に録音、再生、消去出来るところだろう。レコーディングした楽曲のギターだけをあとで消したり、ボーカルだけを録り直したりすることも可能なのだ。

ただし、実際のマルチ・トラック・レコーディングはそんなに単純ではなく、ボーカルにハモリが入ればトラックは2つに。コーラスが入れば3つに。といったように、トラック数は録音素材の数に比例して、どんどん増えていく。ドラムにいたっては、スネア、キック、タム、ハイハットなどマイクの数だけトラックが必要なので、8〜16といったように多くのトラックを消費する。それらを踏まえ、当時のレコーディングスタジオのトラック数は、アナログレコーダーで24トラック、デジタルレコーダーでは48トラックがデフォルトとなっていた。

たったの4トラックで何が作れるのだろうという疑問はあった。4トラックといえば、60年代前半のレコーディングシステムと同等のトラック数である。とはいえ、制作上のメリットはかなり大きくなるだろうという期待もあった。

なぜなら、いままでは、打ち込みと歌やギターなどの生音を共存させるためには、レコーディングスタジオのレコーダーを使った大掛かりなシステムか、カセットテープを使ったカセットMTRと呼ばれる安価なシステムのどちらかしか、選択肢がなかったのである。仮にどちらかを使ったとしても、テープベースの録音媒体と、打ち込み用のコンピュータを同期させるには手間もかかり、テープの巻き戻しや早送りなどのタイムロスも影響してくるため、作業効率は非常に悪い。アイデアを試行錯誤しながら進めていく作曲作業には、まず向いていないのである。

その点、4トラックという少ないトラックでも「打ち込み＋オーディオ録音」が1台のコンピュータでコントロール出来るとなると話は違ってくる。作業効率のアップはもちろん、自宅でレコーディングしたものを、そのままパッケージすることも可能になってくるのである。「Digital Performer」は、2000年代以降における音楽制作スタイルの中心となる、DAW（デジタル・オーディオ・ワークステーション）の先駆け的存在でもあったのだ。

この「Digital Performer」を走らせるのに十分なスペックを持った最適なコンピュータは、Macintoshシリーズの最上位機種の「Macintosh Quadra 950」。本体、モニター、ハードディスク、オーディオ・インターフェイス、ソフトウェア、アクセサリー、その他諸々合わせて、見積もり総額、聞いてビックリの金300万円也。値段の方も最上位という代物だった。

するとｈｉｄｅは、まったく躊躇《ちゅうちょ》することもなく、まるで駄菓子屋でアイスでも買うような口調でつぶやいた。

「じゃあ、これください」

２枚のシングル

１９９３年３月

記録によると、ｈｉｄｅソロプロジェクトの音源制作は、１９９３年３月中旬からはじまっている。麻布十番近くのリハーサルスタジオ「スタジオ南麻布」で、数日に渡ってデビューシングルとなる「EYES LOVE YOU」の音源制作プリプロダクションが行われた。いまでこそ、私、I.N.A.は、

「ｈｉｄｅの共同プロデューサーとして、すべての楽曲制作に携わり、ｈｉｄｅをして、『I.N.A.がいなかったら現在の自分はなかったかもしれない』と言わしめる重要人物だ」

などと、偉そうに紹介されることもしばしばであるが、ソロがはじまった当初は、「X JAPAN」〜「M×A×S×S」〜『Seth et Holth』からの流れで、特になんの取り決めもなく、いつ

の間にか一緒に創作活動するようになっていたという感じであった。そのためか、ｈｉｄｅソロへの参加に対しては、気負いや緊張感などもなく、ＬＡでの共同作業と同じく、フラットなテンションで制作に入っていくことが出来た。結果としては、そのユルさ加減が良かったのだろう。これから、2枚のデビューシングルが完成するまでの3ヵ月間、僕らは、本気の遊びを十二分に満喫するのであった。

プリプロの初日は、先日購入したコンピュータ一式をセットアップするため、輸入代理店の伊藤さんがやってきた。購入した音楽制作ソフト「Digital Performer」は、アメリカ発ということもあり、正式なサポート窓口が日本には存在せず、さらには最新型Ｍａｃ ＯＳとの相性も定かではない状態であった。伊藤さんはＭａｃに精通していたが、それでも調整にはかなりの時間を要した。丸々1日かけて、あれやこれやと実験を繰り返した。当時のコンピュータは原因不明のトラブルが当たり前に起きる世界で、こんなにバグってばかりのソフトを商品として売っていいのか？　という疑問もありつつ、それでも「Ｍａｃだからねぇ」という感じで、世の中的には許されており、ある意味、平和な時代であった。

結局、プリプロ作業が開始してからも、Ｍａｃのトラブルは頻繁に起こり続け、伊藤さんは帰るに帰れず、数日に渡ってスタジオロビーに軟禁されていた。それにしても、さすがは輸入代理店の経営者。伊藤さんはＭａｃのことなら何でも知っていた。「……ていうか、伊藤さん（自身）がＭａｃなんじゃねぇか？」と冗談を言っていたｈｉｄｅ。のちのアルバム・クレジットでは、伊藤さんの名前に「Ｍａｃ」というミドルネームを勝手に付けていたっけ。

「EYES LOVE YOU」の制作は、ｈｉｄｅが自宅で打ち込んできたベーシックなデータを基に進められた。と、言っても簡単なリズムパターンが打ち込まれているだけで、曲の全体像までは出来上がっていなかった。当時のｈｉｄｅが打ち込んだデータがあれば聴いてみたいものだが、残念ながらデータは現存していない。ちなみに、これ以降、ｈｉｄｅが自分で打ち込みをやることは無かった。「Ｍ×Ａ×Ｓ×Ｓ」の時と同じく、「こんなん、やってたら曲なんか一生できねぇ」というやつだろう。

スタジオ入りをした時点で、すでにサビのメロディーは出来上がっていたが、それ以外のパートは未完成だったため、曲のアレンジを進めながら、ＡメロやＢメロ、ギターソロなど、全体の構成を煮詰めていった。特にAメロはいろいろなパターンを試してみたものの、なかなかピタっとハマるフレーズが生まれず、何度もやり直したのを覚えている。この段階では、まだ「歌」は録られていなかったため、代わりに打ち込みのシンセサイザーがメロディーを奏でていた。

3月22日

大森のリハーサルスタジオ「スタジオ・ブル」に作業場を移すと、「EYES LOVE YOU」の制作に加え、カップリング曲「OBLAAT」の制作もはじまった。「OBLAAT」は、ｈｉｄｅが頭の中でイメージしている音色をシンセやサンプラー（サンプリングマシン）を使って具現化していく過程が面白かった。音色選びにおいてのｈｉｄｅの着眼点は素晴らしかった。例えば、ドラムのスネアの音色を選ぶ場合、普通の感覚なら音色リストにある「スネア1」「スネア2」……などから選んでいくのがある意味常識だ。しかしながら、ｈｉｄｅはそこに目を向けない。スネア以外の様々なアタック音やサウンドエフェクト音までも聴いていき、最終的に選んだのは金属を叩いた音。それを加工してスネアの音を作った。名前でカテゴライズされたリストに影響されず、「聴いて良ければそれでいい」という感覚を最優先にしたチョイスである。音色を名前で脳内タグ付けしていた僕からすると、それは目から鱗が落ちる発想だった。

3月28日

1週間のプリプロを終えたあとは、「ビクター青山スタジオ」での仮歌レコーディング。森雪之丞さんが書き下ろした「EYES LOVE YOU」の歌詞をメロディーに乗せると、楽曲はさらに輝きを増した。

2日間かけて仮歌を録り終え、作曲&アレンジも問題なし。これでデモ音源は完成。プリプロダクションは終了である。あとは、本番のレコーディングを、というのが、通常の流れである。しかし、翌週から6日間、僕らはもう一度リハーサルスタジオに籠ることとなった。「歌録り1000本ノック」を行うためである。

4月6日

「芝浦スタジオ」に入ると、まず僕らは「OBLAAT」の仕上げに取り掛かった。楽曲の土台となる部分はかなり出来上がっていたため、デモ音源完成までは、それほど時間もかからず、むしろ、この曲は本番のレコーディングでいろいろ実験してみようという創作上のマージンが残された形で仕上がっていった。それもあって、この6日間のほとんどは「EYES LOVE YOU」の歌の練習に費やされた。

hideは、その後のインタビューで「自分の声に馴染めなくて、『EYES LOVE YOU』は1万回くらい歌った」などと冗談っぽく語っていたが、これは、まんざら誇張した表現でもなかった。来る日も来る日も、レコーディングのテイクを重ね、歌っては聴き、聴いては消しを何百回繰り返しただろうか？　声が枯れようがお構いなしで、練習に明け暮れる毎日は、まるでスポ根・野球マンガの「1000本ノック」のようでもあった。

とはいえ、何もかもが順調というわけでもなく、相変わらずMacのトラブルは頻繁に起こり続けた。そもそも、4トラックのレコーディングシステムで、複数のギターパート、歌、コーラスなど、楽曲を構成するすべての音素材を録音再生するのは不可能だ。こんな時のために「ピンポン」という昔ながらのレコーディング手法がある。例えば、1トラックにドラム、2トラックにベース、3トラックにギターが録音されていたとしよう。残りのトラック数はひとつ。歌とコーラスを入れるにはさらに2トラック必要だ。そんな時に使われるのが「ピンポン」で、歌とコーラス用の空きトラックを確保するために、１〜３トラックに録音された楽器たちの音量バランスを調整し、４トラック目に録音しなおすことで、１〜３が空きトラックとして利用出来るようになるというわけだ。これを繰り返していけば、トラック数は理論上無限となるが、なかなか、そううまくはいかない。特に、このトラブルＭａｃでは。

僕らが曲作りに利用していた音楽制作ソフト「Digital Performer」には、この「ピンポン」作業をコンピュータが自動でやってくれる「マージ」という機能があった。マージ（merge）とは、「併合する、合併する」という言葉の意味のとおり、複数のトラックに録音された音を、データ上で調整し、ひとつのトラックにまとめ上げることなのだが、これまた問題が多すぎだった。マージ機能を選択〜クリックしてから完了するまでに、軽く30分はかかるのだ。そして、その間は別の作業が一切出来なくなる。コンピュータの処理能力が追いつかないのが原因なのだが、30分たってやっと終わったかと思うと、今度は、いきなりモニター

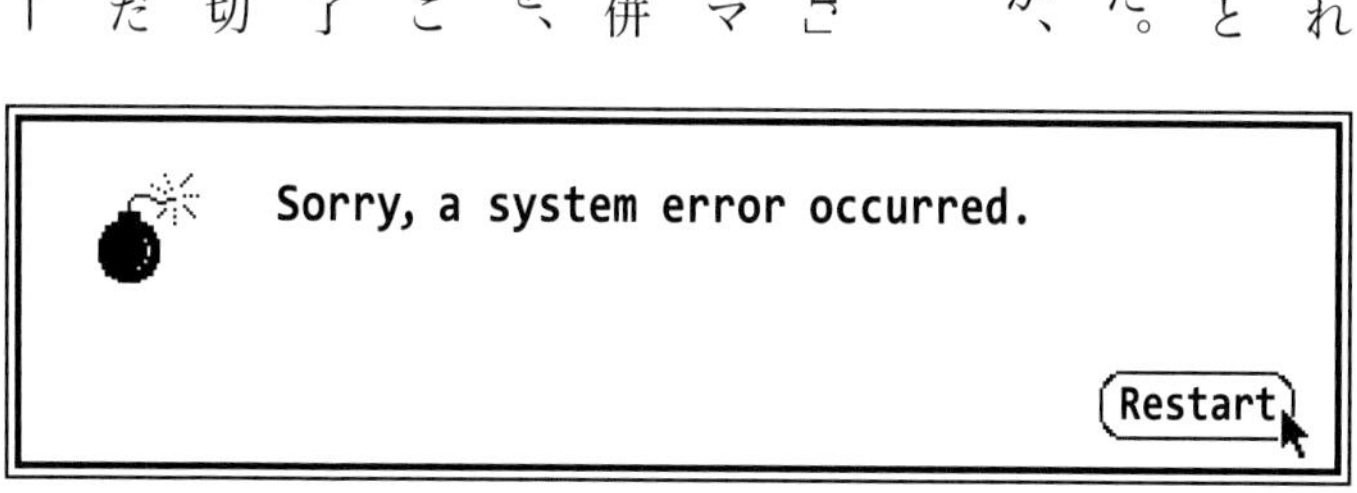

昔のＭａｃは、プログラムにエラーがでるとモニター画面に爆弾マークが表示され、復旧不可能になるのが定番だった

画面に爆弾マークが表示され、Ｍａｃ自体がバグって動かなくなってしまうということも度々あった。当然データは消えてしまい、はいそれまでよ。やり直しである。


「イナちゃん、もう1テイク歌、録れる？」

「う〜ん、マージしないと……無理かなぁ」

「マージかぁ（悩）……ん〜〜、やってみっか……」

モニター画面に表示される、マージ処理中を表すステータスバーをふたりで眺めながら、「いけーっ！」「いってくれーっ！」「たのむ〜！」とＭａｃを全力で応援したり、いきなりの爆弾表示にガックリと落胆してみたり、作業、マージ、休憩、爆弾、消えた、まじかぁあああ〜……を繰り返しながら、プリプロは進んでいった。

４月12日
その後は、新宿・大久保の「フリーダムスタジオ」に移動。遂に本番レコーディング開始となった。初日は、プリプロで作り上げたトラックを、スタジオの業務用デジタルレコーダー「SONY

PCM-3348（通称：ヨンパチ）」にダビングする作業からはじまった。ヨンパチは48トラック使えるので、あの忌々しいマージとも、しばしのお別れである。コンピュータからの音をひとつひとつ丁寧に調整し、ヨンパチに録音し直していくことで、それぞれの音質が格段に良くなっていくのがはっきりとわかる。初日の作業はここまで。翌日はベースのレコーディング（「TENSAW」のベーシスト、鈴木享明さんがゲスト参加）なので、僕の出番は夕方からとスタッフに告げられ、そのまま帰宅した。

4月13日
スタッフの言葉どおり、夕方にスタジオへ行くと、ｈｉｄｅは、開口一番、

「なんで、イナちゃん来てくれないんだよぉ、ベース録り終わっちゃったよ……いて欲しかったのに」

なんだか怒っているような、残念そうな、そんな複雑な表情を見せた。

「えぇえぇ？　夕方からって聞いてたんだけど……」

ｈｉｄｅはきっと、この時すでに「ｈｉｄｅ」という音楽を作っていく上で、稲田和彦とのパ

ートナーシップを意識していたのだろう。しかし、僕もスタッフも、そのことには気がついていなかった。むしろ、僕自身は「スタジオ・ミュージシャンなのだから、呼ばれてもいないところに行くのは野暮だろう」とも考えていた。そんな中、ｈｉｄｅだけが、歯がゆさを感じていたのかもしれない。結果的には、この日のベースレコーディングが「ｈｉｄｅソロプロジェクト、すべての音源制作において、Ｉ.Ｎ.Ａ.が唯一、参加していないセッション」となってしまった。

４月17日

「フリーダムスタジオ」でのオケ録り（伴奏のレコーディング）作業が終わると、僕らは、渋谷区千駄ヶ谷の「シャングリラスタジオ」に拠点を移し、数日間に渡って、ボーカルレコーディングを行った。ここのスタジオでの思い出と言えば「漫画」。ボーカル録りは咽休めのための休憩時間が長く、暇つぶしにと、スタッフが漫画『今日から俺は!!』と『BAD BOYS』の単行本を数冊ずつ、買ってきた。どちらもヤンキー系漫画である。僕らはまんまとコレにハマってしまい、休憩のたびに読み漁った。あっとゆう間に読み終えて、続きが読みたいなと思っていると、翌日には、ｈｉｄｅが全巻を大人買いしてきた（笑）。

おかげで僕は、いまでも「OBLAAT」のサビを聴くたびに『今日から俺は!!』が読みたくなるというパブロフの犬的な後遺症に悩まされている。

4月24・25日

プリプロ開始から約1ヵ月。「ビクター青山スタジオ」にて「EYES LOVE YOU」と「OBLAAT」の最終ミックスが行われ、1枚目のシングルはめでたく完成した。しかし、デビューシングルは2枚同時リリース。ひと息つくことも出来ず、すぐに「50% & 50%」「DOUBT」の制作がはじまった。「スタジオ・ブル」へ戻って、新曲作りのプリプロを再開。今回はｈｉｄｅによる事前のデモも無く、ノープラン、ゼロからの曲作りとなった。

ｈｉｄｅはよくインタビューで「I.N.A.ちゃんとセッションをしながら曲を作る」という表現をしていたが、実際はどのようにして作曲を進めていたのだろうか？　漠然としたイメージしか持てなかった人も多いだろう。基本は、僕が鍵盤を叩きながらドラムパートを演奏し、その横で、ｈｉｄｅがギターをかき鳴らし弾き語るというスタイルで、それは、まさにふたりきりのバンドセッションとでも言ったところだろうか。お互いのプレイやフレーズにインスパイアされながら、延々と音楽を奏で続け、その中で曲が出来上がっていくのである。セッションは丸ごとコンピュータに録音され、編集で組み立て直され楽曲へと進化していく。最先端のハイテク機材を使っているのに、やっていることは、もの凄くアナログというところが面白かった。そして、このスタイルで作曲した曲の、一発目となったのが、「50% & 50%」であった。

シングル2枚同時リリースということもあって、「50% & 50%」は必然的に「EYES LOVE YOU」とは違ったアプローチが必要となり、楽曲の方向性を決めるのに、かなりの時間を費やした。アレンジも、モータウン・ビートにはじまり、様々な音楽的なパターンを試しながらプリプロを続けていった。5日が過ぎ、いい感じにまとまってきたな、というタイミングで、残念ながら作業は1ヵ月ほどお休みとなってしまった。「EYES LOVE YOU」のPVや、映像作品『Seth et Holth』の撮影のためである。

6月3日

1ヵ月後、作業が再開した時には、取り巻くいろいろなことが進展していた。まず、hideの眉毛が無くなっていた（笑）。撮影で全部剃ってしまったそうで、見つめられると、だいぶ恐かったのを覚えている。そして、ｈｉｄｅの個人事務所内にスタジオが出来ていた。スタジオといっても6畳間くらいの大きさの防音室なのだが、密閉度が高すぎるのか、スタジオ内で煙草を吸うと煙が一切外に出て行かず、ここはホルモン焼き屋か⁉ という状態になった。空気清浄機を2台起動させても、まったく効果なく、当時、絶え間なく煙草を吸い続けるチェーンスモーカーだったふたりにとっては、吸えば煙地獄、吸わねばイライラ地獄という二重苦だった。さらにもうひとつ、現在制作中の「50% & 50%」に大手ジュエリー会社のＣＭタイアップが付くという話も進んでいた。

6月7日

ＣＭタイアップ用のデモ音源を早急に作って欲しいというレコード会社からのお達しで、僕らはプリプロに拍車をかけた。楽曲のアレンジを早々に仕上げ、「フリーダムスタジオ」に入り、レコーディングを開始した。ＣＤ用のフルサイズ・バージョンとは別に、広告代理店に渡すためのＣＭ用15秒バージョン、30秒バージョンなどのデモ音源を新たに作らなければならず、作業全体のボリュームも増大、制作スケジュールはかなりタイトになっていった。

インターネットも存在せず、情報収集といえばテレビやラジオが中心の時代、宣伝費を掛けずに楽曲を世の中に広めることが出来るＣＭタイアップは、レコード会社にしてみれば「おいしい」戦略のひとつだった。アーティストや制作サイドとしても曲を聴いてもらえるチャンスが増えることに異論は無い。そんなこともあって、多少の無理は承知してスケジュールを進行させていった。

6月10日

ＣＭ用のデモを仕上げたあとは、またまたスタジオを変え、新宿「スタジオ・テイクワン」にてＣＤ用フルサイズ・バージョンのリズム録りを行った。ドラムに池畑潤二さん、ベースに奈良敏博さんという「めんたいロック」コンビを招いてのレコーディングは最高にエキサイティングだった。特に奈良さんのベースプレイへのこだわりがハンパなかった。通常レコーディングでは、イントロからエンディングまで、1曲を通してツルっと録音し、間違えた部分やイマイチだった箇所だけを録り直す「パンチイン」という録音方法をとるのが一般的なのだが、奈良さんは一箇所でも間違えると、もう一度、曲頭からやり直した。

《♪〜ダンダンッ！　フィーフティ・フィーフティ》
hide & I.N.A.「おおおぉお、すげ〜！　最高ぉ！」
奈良さん　　　「う〜ん、もう1回、頭から」
hide & I.N.A.「え？　……あぁ……はい」

プレイに気に入らないところがあれば、頭からやり直した。

《♪〜ダンダンッ！　フィーフティ・フィーフティ》
hide & I.N.A.「イエ〜イ、素晴らしい！　最っ高ぉ！」
奈良さん　　　「う〜ん、もう1回、頭からかな」
hide & I.N.A.「えぇえええ〜？　……あぁ……はい」

こんなやりとりを延々と繰り返し、とにかく、奈良さん自身が完全に納得するまで何度でも頭からやり直した。しかし、その潔さと姿勢はめちゃくちゃカッコ良く、ロックの精神をパッケージしていく上での根っこの部分を、改めて教わった気がしたのであった。

6月13日

レコーディングは休むことなく続き、気がつけば、hideソロデビュー発表イベントの日がやってきていた。1993年6月13日、原宿交差点の南側に位置する「原宿八角館ビル」の大型ビジョンで、hideのソロデビューが発表された。ソロ第一弾シングル「EYES LOVE YOU」のミュージックビデオが上映されると、現地に集結した3000人ものファンが交差点に溢れ出し、辺りはパニック状態となりイベントは中断。hide本人によるパフォーマンスも予定されていたが、警察に危険な状況と判断され中止となってしまった。

hideは中止決定と同時に車に乗せられ、早々にその場を立ち去ったが、その直後、たまたま交差点を通りかかった1台のワゴン車めがけてファンが殺到した。hideが乗っている車だと勘違いしたらしい。噂によると、その車に乗っていたのは、ブレイク直前の国民的アイドルグループ◯◯◯◯だったとか。真偽のほどは定かではないが、どちらにしても、乗っていた人はさぞかしビックリしたことだろう。

それから、ｈｉｄｅ一行は恵比寿にある事務所に戻ったが、イベント責任者であるスタッフは、警察から騒ぎの経緯の説明を求められ、渋谷警察へ呼び出されたそうだ。しばらくすると、事情聴取から解放されたスタッフが事務所に戻ってきた。ｈｉｄｅは待ってましたとばかりに、そのスタッフに駆け寄り、深々と頭を下げたあと、悪ガキのようにニヤリと笑い、ちょこんと顔だけ持ち上げながら、こう言った。

「兄貴ぃ～！　お務め、御苦労様でしたぁ～!!（笑）」

そして、その夜、僕らは六本木へ打ち上がりに行った。

「イナちゃん、パラノイア行こう！　話あるからさ」

なんだか良い夜になりそうだ。

アンセム

ｈｉｄｅソロデビュー発表イベントの翌日からは、「50% & 50%」の歌録りと、カップリング曲の制作がはじまった。パラノイア・カフェでの感動的なお誘いから一夜明け、さて、世界はどんな色に変わるのだろう？　と期待半分、不安半分であったが、いざ、レコーディングがはじまればいつもと変わらぬ日常で、なるほど、このフラットな立ち位置こそが、ｈｉｄｅが求めるパートナーシップだったんだなと実感した。

レコーディングスタジオのつくりは基本、ミキシング・コンソールなどの録音機材が配置された「コントロール・ルーム」と、「ブース」と呼ばれる、楽器演奏や歌唱など実際の演奏を行う防音ルームのふたつの部屋からなる。通常は、ブースで演奏している音を、コントロール・ルームで録音するため、ふたつの部屋は連動しながら同時に稼働するが、そうではない使い方もある。

部屋自体は音響的に隔離されているので、それぞれの部屋で別々の作業を行うことも可能なのである。僕らは、限られたレコーディング時間を有効に使うため、ブース内にＭａｃを中心としたプリプロ機材一式をセッティングし、そこでカップリング曲の作曲作業を行った。コントロール・ルームでは「50% & 50%」の調整や編集をしているので、ｈｉｄｅはふたつの部屋を行き来しながら作業を進めていった。

ある時、僕がブースの中で作業をしていると、ロビーで打ち合わせをしていたｈｉｄｅが、不機嫌そうに戻ってきて、乱暴にドアを閉めた。

「ちくしょう……ざけんなっ……。イナちゃん、曲作ろう、曲っ！」

そう言って、ｈｉｄｅはギターを手に取ると、破壊的なディストーション・サウンドでギターリフをかき鳴らした。僕はそれに応えるようにドラムマシンで荒々しくビートを叩き出す。

(何かあったのだろうか?)

怒りをぶつけるようにギターリフを弾き倒すｈｉｄｅ。延々と続く怒涛のセッションは激しさを増していく。リズムを刻むインダストリアル・ノイズと、繰り返されるギターリフがトランス状態を引き起こし、緊張が臨界点を迎え、潜在意識が解放されたその瞬間、曲は降って来た。マイクを手繰り寄せ、ｈｉｄｅは叫んだ。

「♪Doubt Doubt Doubt You……Doubt Doubt! Doubt Doubt! Doubt You!!……」

「『DOUBT』は俺が個人的なことで怒っている気持ちを、そのまま商品にしてしまっただけ。だから、いちばん素直な曲だと思う。『こうしよう、ああしよう』っていうことを、全く考えないで感情のままにつくった曲だからね」

ｈｉｄｅインタビューより抜粋――「ARENA37℃」（１９９４・２／音楽専科社）

怒りの根源は、広告代理店によるＣＭタイアップのドタキャンだった。レコード会社をはじめ大勢の人間が動き廻り、時間と金を使い、苦労して作り上げたものを、理由もよくわからないまま、ちゃぶ台返しされたのだった。土壇場になって約束を反故にするという紳士的でないやり方に、ｈｉｄｅは憤慨した。そして、やり場のない怒りを歌詞にぶつけた。スタジオにあるレポート用紙に歌詞を殴り書きすると、すぐにボーカルを録りはじめるｈｉｄｅ。あっという間に曲は完成した。

『DOUBT』って曲自体が、オレにとってはアンセムだったりするからね。気合いの入り方が違うのよ。～中略～　思い入れが異常に強い曲だったりする」

ｈｉｄｅインタビューより抜粋——「ロッキンｆ」（１９９８・３／立東社）

「DOUBT」の歌詞は一見すると、他者への憤りのようでもあるが、本当のところは、うまい話に乗ってしまった自己嫌悪や、踊らされてしまった自分への怒り、そんな感情をうたった歌なのではないだろうか。頭の中の双子が叫んだ「Doubt You」という言葉は、ｈｉｄｅ自身に向けられていたのかもしれない。真相はロックの神のみぞ知るだが、どちらにしても、「DOUBT」という曲は、ｈｉｄｅにとって、忘れてはいけない大切な戒めの曲となった。

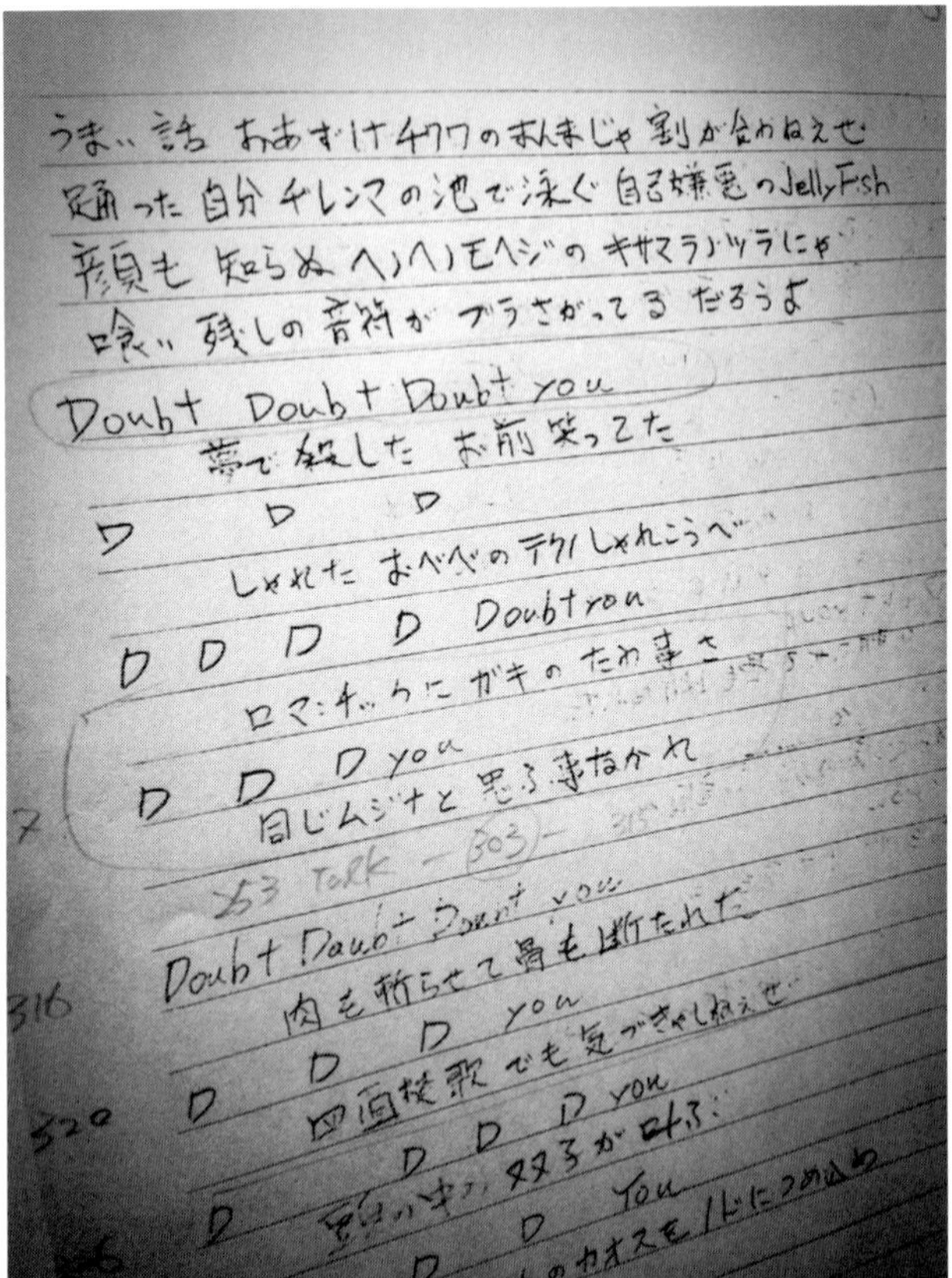
うまい話 おあずけチワワのまんまじゃ割が合わねえぜ
踊った自分 ヂレンマの池で泳ぐ自己嫌悪のJellyFish
顔も知らぬ ヘノヘノモヘジのキサマラノツラにゃ
喰い残しの音符がブラさがってる だろうよ
Doubt Doubt Doubt you
夢で殺した お前笑ってた
D D D
しゃれた おべべのテクしゃれこうべ
D D D D Doubt you
ロマンチックなガキの たわ事さ
D D D you
同じムジナと思う事なかれ
TORK — 303
Doubt Doubt Doubt you
肉を斬らせて骨も断たれた
D D D you
四面楚歌でも気づきゃしねえぜ
D D D you
双子が叫ぶ
D D you
カオスを1ドにつめ込む

ＬＡの青い空　その壱

1993年7月上旬、2枚のシングルを完成させた僕らは、ソロアルバム制作のため渡米した。

ＸＪＡＰＡＮが制作の拠点をロサンゼルスに移したこともあって、メンバーはこの時期から基本ＬＡに在住することになった。スタッフを含めた全員が、以前まで住んでいたウィークリー契約の「Oakwood Apartments」を引き払い、長期的にアパートを借りての生活をスタートさせた。ちなみに、アパートというと聞こえは悪そうだが、アメリカでは日本でいう「マンション」のことも「Apartments」と言う。僕らが住むアパートは、イメージとしてはコンドミニアムとでもいったところだろうか。

ｈｉｄｅの部屋は最上階にあたる3階の角部屋で、吹き抜けの天窓からリビングに降り注ぐ太陽光が、プチリゾート感を演出していた。部屋の中には屋上に伸びる螺旋階段があり、その先の屋上プライベートエリアにはジャグジーもあった。ウエストハリウッドを東西に縦断するサンセット通りに面した大型楽器店「ギター・センター」からほど近い立地条件は、「Oakwood Apartments」の不便さとは比べものにならないくらい快適で、まさに天国。徒歩圏内にハンバーガーショップやレストラン、セブンイレブン、大型ＣＤショップもあり、ＬＡライフに光が差して来たのであった。ただし、僕の部屋は北側の2階にあり昼間も真っ暗だったが（笑）。

ＬＡに着いて、まず最初に取り掛かったのがプリプロルームのセッティングだった。ｈｉｄｅの部屋のうちひと部屋を、作曲とプリプロが出来るような簡易スタジオに改造した。ｈｉｄｅが代々木第一体育館でのライブＭＣで言っていた「稲田和彦とふたりで、シコシコシコシコ……と8畳間で作業をずっとしていました」とは、この部屋のことである。

8畳間ほどの部屋に、ＩＫＥＡで買って来たふたつの大きな白いテーブルをL字型に並べて、スピーカー、アンプ、ミキサー、シンセ、ギター関連機材、Ｍａｃといった、一連のスタジオ機材をセッティングしていった。Ｍａｃに関しては、ＬＡ常設機材として、日本で使っていたものと同じものを、もう1セット購入した。あぁ、またもや、あの面倒なセットアップをやらなければならないのか……。僕はＭａｃ伊藤さんが手配してくれたアメリカ人スタッフと共に、数日か

けてプリプロスタジオを構築していった。

スタジオ部屋が完成すると、ｈｉｄｅはソロアルバムの制作を本格的に始動させた。僕とｈｉｄｅは窓際に設置したテーブルに向かって肩を並べて座り、窓いっぱいに広がる、ＬＡの青い空を感じながら曲作りに没頭した。最初の数日間は、ふたりで一日中、ひたすらセッションをしまくった。

「じゃあ、次はパンクでいこうか……」「ガレージ風にしてみようか……」など、曲のテーマを決め、僕が手ドラム（鍵盤でドラムを演奏）、ｈｉｄｅがギター＆ボーカルでセッションを延々と続けていく。そんな中で、僕がツーバスを刻むとｈｉｄｅは決まってこう言った。

「ダメダメ！　メタルっぽいからそれはダメ！」

基本はパンク、メタルは禁止だった。

セッションを進めていくと、突然、曲が降ってくるポイントがやってくる。

「おっ！　曲っぽくなってきた。イナちゃん、これ録って」

プリプロ中は、いつでもすぐにレコーディングが開始出来るよう、常にＭａｃを録音スタンバイ状態にしてあった。閃《ひらめ》いたアイデアを逃さないためである。そのアイデアのテイクを基に、徐々に曲の雰囲気やメロディーを固めていき、アレンジを含めた楽曲の全体像を作り上げていく。ここまで出来ると、プリプロの第一段階は終了である。

制作の第二段階は、このデモを基にした楽曲の再構築。イントロ～Ａメロ～Ｂメロ～サビ～といったように、楽曲の構成を決めていき、それに合わせてドラムやベースを打ち込んでいく。さらに、バッキングギターを録り、ボーカルを重ねていく。歌詞が無い状態の仮歌なので、普通ならば「♪ラララ～」と歌っていくものだが、ｈｉｄｅの場合は、英語だか日本語だかよくわからない「テキトウ語」で歌っていった。専門用語的には、意味の無い言葉で即興的に歌うことを

「スキャット」というらしいが、要は、♪ララララ〜と歌うよりも、意味の無い言葉でも、音節に乗ってみれば、曲のイメージも明確になり、より音楽的に聴こえるという理由から、そうしていたのである。*

ボーカルが入ると、今度はここのギターを変えよう、でも、その前にドラムを変えなくちゃ、ってことは、打ち込みも先に直さないと……と、あちらこちらを修正しながら、三歩進んで二歩下がるペースで、徐々に徐々に、ゆっくりと全体が出来上がっていく。

ｈｉｄｅが歌詞を書きはじめると、僕はその時間を利用して打ち込みを細かく修正していった。どちらも時間のかかる作業である。ひとつのテーブルに肩を並べながら、それぞれの時間を有効に使いプリプロは進められていく。そうやって、最初に完成した曲が「DICE」だった。ｈｉｄｅが吐き出した初期衝動と僕の打ち込みが、融合したふたりきりのバンドサウンドが出来上がった。

セッションからはじまって、1曲のデモが完成するまでに要する時間は、だいたい1週間。僕

＊2014年リリースのアルバム『子 ギャル（初回盤）』に収録されているボーナストラック「子 ギャル（demo）」のボーカルがそれに該当する。

らは昼の2時頃から夜中の2時頃まで、休みなく毎日働いていた。プリプロ作業自体が趣味の延長みたいなものなので、休みの無いことは苦にならなかったが、作業場の窓の向こうに見える、ピーカンなLAの青い空の誘惑といったら……。そんな中で出来上がった曲が、「青い空なんか大っ嫌いなんだよぉ〜」でお馴染みの「BLUE SKY COMPLEX」だった。

この曲は、初期hide楽曲の中では異色の横ノリ曲で、「R&B」「ソウル」など、ブラック・ミュージックの流れを受けたグルーヴを軸に、ヘヴィなロックギター、派手なブラス・セクション、ゴスペル風オルガンやコーラス、さらにはラップまで飛び出す「ミクスチャー」色の強いナンバーとなった。そもそも、この手のジャンルは僕の大好物。僕はブラス・セクションのアイデアを提案し、そのアレンジも担当した。

当初、hideのことは、縦ノリ・ロック全開な人だと思っていたが、作曲活動を一緒に進めていくうちに、意外にも彼の根っこの部分にはハネた16ビートのグルーヴが流れていることに気がついた。この曲に、ソウルの要素を取り入れたことで、そのグルーヴが見え隠れするようになり、hideの音楽的世界観は、より一層広がった。

だいぶあとになって知ったことだが、hideは「BLUE SKY COMPLEX」にヒップホップ系「ブレイクビーツ」の要素も取り入れたいと思っていたそうだ。しかし、この時点では、ふたりとも、その発想を形にする方法論を確立しておらず、そのアイデアが現実となるのは、2ndアルバム『PSYENCE』以降となる。

作曲のためのプリプロは楽曲ごとに様々なパターンで行われた。「FROZEN BUG '93」では、オリジナルである「M×A×S×S」のバージョンとの差別化を図るため、インダストリアル色を強く出し、全体のアレンジをガラっと変えた。メロディーや歌詞は既に出来上がっているので、制作方法も従来のセッション形式をとらず、リミックスを作るような感覚で、時には、レコーディングのセオリーさえも無視して進められた。

例えばギター。通常、ギターを録るといえば、曲を全編通して弾いていくのが当たり前だが、「FROZEN BUG」では、フレーズサンプリングという方法をとった。ギターの短いフレーズをサンプリングマシンに何種類も録音し、キーボードを弾くと、そのフレーズが鳴るようにセットする。ドの音を弾けばフレーズ1、レの音を弾けばフレーズ2といったように、30〜40パターンのフレーズを鍵盤上に並べていく。そして、ｈｉｄｅ自身が鍵盤を叩きながら、ギターパートを構築するという一風変わった方法をとった。これによって、ギタリストの手癖（手慣れたフレーズを無意識に弾いてしまうことを手癖と言う）から解放されたギターパートを構築することが可能となった。

文字にして説明すると、なにやら難しそうに感じるかもしれないが、要は、曲に合わせて鍵盤を叩き、ギターのフレーズを鳴らしてカッコ良い曲を作ろう！　という、ある意味「音ゲー」感覚の制作方法である。とは言え、このような実験的なやり方は一歩間違えれば、ただのお遊びで終わってしまう可能性も無きにしもあらずだ。しかし、そうならないところが、ｈｉｄｅの凄いところ。

ちなみにこの曲のリズム隊は、ｈｉｄｅのアイデアを受けて、いわゆるドラム音源を一切使わずに打ち込んでいる。金属を叩く音や、鎖の擦れる音、ゴミ箱を蹴っ飛ばした音や、鉄パイプなど、様々なＳＥ（効果音）を加工した音をドラム音源として使用した。ほかにも、シンセのコード音をエレベータの下降音で表現したり、おもちゃの楽器の自動演奏をそのまま伴奏にしてみたりと、楽曲を取り巻くほとんどの音が実験的に作られていながらも、破綻せず、むしろ最終的にはポップに仕上がってしまうあたりは、ｈｉｄｅのセンスのなせるワザだろう。未知なるものを創り出す時、知識や経験からのみ導き出すのではなく、閃きを昇華して形にする才能はさすがとしか言いようがなかった。

こんな毎日を送っていると、1ヵ月という時間はあっという間に過ぎて行く。

1993年8月5日、遂にhideソロデビューの日がやってきた。僕らはプロモーションのため一時帰国した。

ほんとにあったヤバい話

2枚のデビューシングル「EYES LOVE YOU」と「50% & 50%」がリリースされたのは、1993年8月5日だが、僕らの帰国日は8月6日だった。なぜだろう？　デビューの当日、日本にいなかったという理由がいまいちよくわからない。パターン的には、LA出発のギリギリまでXのレコーディングをしていたとか？　資料が無いので定かではないが、パスポートにもそう記されているので間違いない。ともかく、なぜ6日に帰国したのかは忘れてしまったが、この日の夜に起こったことは、よく覚えている。

「イナちゃん飲み行こうよ！」ということで、僕らは帰国後すぐに西麻布へ繰り出した。向かった先は「RED SHOES」。時代の最先端を走るクリエイターや、様々なジャンルのアーティスト達の社交場と言われた伝説のロック・バーである。

真っ赤に塗られた店内の壁には、大きな「風神・雷神」の絵が飾られ、あらゆる種類の美味しいお酒がズラッと揃い、料理は本格中華。スクリーンには、映画やミュージックビデオが延々と流れている。BGMは、ロックオンリー。入口近くに置かれたジュークボックスにもロックが満載で、懐かしい音楽をリクエストすることが出来た。そんなお店である。

レッドシューズホームページより一部抜粋

ここに来ると、いつも誰かしら知り合いがいる。この日はデザイナーのM子がひとりで飲んでいた。僕らは合流し、3人で飲みはじめた。しばらくすると、M子が深刻な表情になり、自分の生い立ちからはじまる様々な悩みを延々と語りはじめた。時差ボケの上に酒も入っているし、正直なところ面倒臭かった。僕は適当に受け流していたが、それとは対照的に、hideは一生懸命、彼女の話を聞いていた。何時間たっただろうか？　話は、生と死、生まれ変わり、宇宙の真理にまで及んだが、最終的には彼女自身、勝手に自己完結して悩みも解消して気分スッキリ「もういいの、大丈夫」って、ん？　何だったんだこの時間は？

すると突然、ヒデラのスイッチがONになった。

「なんなんだ、てめぇは！　お前が悩みあるっていうから、こっちはずっと真剣に聞いてやってるのに、勝手に解決して終わらせてんじゃねぇよ！」

まぁまぁ、コイツも悪気があったわけじゃないからさ、となだめてみたものの、もう、そこからはお怒りモードで、安定のグシャグシャ、ガチャガチャで、挙句の果てには「次、行くっしょ！（ｂｙ ｈｉｄｅ）」という流れになる。あぁ、悪いヒデラ出現の予感がビンビンする……。

M子を含む、僕ら3人は「RED SHOES」を出ると、タクシーに乗り込み、新宿の24時間営業居酒屋「ひとみ」へ向かった。辺りはすでに明るくなっていた。

店に着くと、あらら、まさかの定休日。さらに機嫌が悪くなったｈｉｄｅは、長い髪を振り乱し「ざけんな！　ちくちょう！」と叫びながら新宿の街を闊歩《かっぽ》した。「DOUBT」のミュージックビデオの人がその辺を歩いている感じである。普通に恐い。

「ケンカになっても指輪外しておけば、相手も怪我しねぇから大丈夫なんだよ！」

出勤途中のサラリーマンに睨みを効かせながら、両手いっぱいにジャラジャラとつけている指輪を、次から次へと投げ捨てていくｈｉｄｅ。僕は、それを拾い集めながら彼に続いて歩いた。

いつもならマネージャーやスタッフがフォローするところだろうが、今日は誰もいない。

「よし！　イナちゃん、あそこ行こう！　海老祭り行こう！」

次に向かったのは、新宿からほど近い大久保。「フリーダムスタジオ」でレコーディングをしていた頃、毎日のように呑みに行っていた居酒屋があり、僕らはその店を「海老祭り」と呼んでいた。いつ行っても入り口に「海老祭り開催中」と貼ってあったからである。その頃の僕らは、夕方頃にスタジオへ入り、朝方仕事を終えて、そのまま海老祭りに通っていた。この店も24時間営業だったのだろうか？　朝の5〜6時でも普通に営業していて、美味い日本酒を出してくれる店だった。


店に入り席に案内されると、ｈｉｄｅはいきなり大人しくなった。どうやら電池切れらしい。到着から10分もしないうちに、ひと言「帰る！」と言い残し、ドタバタと店から出て行ってしまった。僕は慌てて店を飛び出し、ｈｉｄｅを追いかけた。千鳥足の彼を捕まえ、そのままタクシーに押し込めた。

「ｈｉｄｅちゃん、大丈夫？」

「うん……」

「ほんとに大丈夫？　ひとりでちゃんと帰れる？」

「……うん……」

そう頷くと、ｈｉｄｅはタクシーの後部座席に倒れこみ、そのまま寝入ってしまった。僕は運転手さんに彼の家の場所を伝え、タクシーを送り出した。

翌日、ｈｉｄｅから電話が入った。

「昨日、タクシーで寝ちゃったらしくてさぁ、俺のこと起こそうとした運転手ぶん殴っちゃって、そのまま交番連れてかれてさ……」

わぁ、マジかぁ……。やっちまったのかぁ。しかも、ソロデビューの翌日に！　一瞬にして、ワイドショーとニュースが頭の中を駆け巡り、目の前が真っ暗になった。

……だが、しかし、なぜか事件にはならなかった。いい時代だったということだろうか（苦笑）。

僕はといえば、後日、事務所スタッフに「何で最後まで一緒にいないんですか！」と、すごい剣幕で怒られた。

え？　俺なの？　俺のせいなの？……。

LAの青い空　その弐

シングル発売に合わせた日本でのプロモーション期間中、ｈｉｄｅは、それまで裏方だった僕を、有無を言わせずいきなり表舞台に引っ張り上げた。

「イナちゃんも一緒に出るんだからね」

そう突然告げられ、気がつけば、白塗りにされ頭にカセットテープの中身を巻きつけられ、また別の日には、黒塗りでレゲエのお兄さんに変身させられ、音楽番組に出演した。表舞台に立つのは、学生の頃やっていた吹奏楽部の演奏会か、アマチュアバンドのドラマーとして活動していた頃以来。テレビカメラを前にしての演奏パフォーマンスはなかなか面白い経験ではあったが、まさか、この流れからの半年後、髪を緑に染めたヴィジュアル・メイクでステージに立ち、いわゆるミュージシャン・デビューすることになるとは思ってもみなかった。

8月15日

プロモーション活動を終え、ＬＡに戻った僕らはプリプロを再開した。本格的なスタジオでのレコーディングが開始する9月19日までの約1ヵ月で仕上げた曲は、「D.O.D.(DRINK OR DIE)」「A STORY」「TELL ME」「HONEY BLADE」「50% & 50%〈CRISTAL LAKE VERSION〉」の5曲。

7月のプリプロ同様に、様々な作曲方法を試していった。

「A STORY」は、作曲作業をはじめる前に、まず、曲の世界観を決め、それから音を出しはじめた。この曲の最初のコンセプトは、「ドラムとギターだけの曲」。ｈｉｄｅの頭の中のイメージは、「遠くから錆びついたギターを持ったヒッピーがやって来て、砂漠で独り打楽器を叩いていた原始人とセッションをはじめる」というものだった。曲作りのプリプロもそのイメージ通りで、ｈｉｄｅのアコースティック・ギターの弾き語りに、僕の手ドラムが絡んでいくというセッション形式で進められた。

イントロは４＋４＋３＋４の変拍子を3回繰り返したのちに、４拍子に移行していくという、ギター弾き語りならではの、ちょっと変わった楽曲構成となった。弾き語りの背景に広がる得体の知れない無機質な音は、工業系重機のサンプリング音や、金属系のノイズを加工して作っていった。それらを楽曲全体に散りばめ、荒廃した大地のイメージを音で表現した。また、インダストリアル系ノイズとは対照的な、ヒューマンボイス系のシンセサイザーで和音を奏でることで、楽曲全体をやさしく包み込む独特な浮遊感を表現した。

打ち込みで作った機械仕掛けのドラムとベースをどれだけリアルに聴かせることが出来るのかという部分にも時間を費やした。

アルバムリリース後日談になるが、ある時、ｈｉｄｅは興奮した様子で僕の目の前に1冊の音楽雑誌を広げ、とある記事を見せてくれた。

「イナちゃん！　見てよ、見てよ！　このレビュー。俺ら打ち込みで作ってるのに生の演奏だと思ってるよ」

そこには「ゲストミュージシャン達の抑えた演奏が心地よい『A STORY』……」と書かれた楽曲のレビュー記事が紹介されていた。ｈｉｄｅは、してやったりという表情でニンマリと微笑んでいた。こうゆうことがあると、小さな積み重ねに時間をかけることにも、意味があるんだなと実感出来た。

ｈｉｄｅの抽象的なアイデアを「音」という現実にしていくのはとても楽しい作業だった。答えの無い作業なので、日々、実験の繰り返しではあるが、ｈｉｄｅの幅広い音楽性を表現するのにとても役立ったのが、僕がスタジオ・ミュージシャン時代に培ってきた、音作りや打ち込みの方法論だった。クラシック、ラテン、ジャズ、ロック、ポップス、歌謡曲……ジャンルの壁を超えた音楽制作現場を渡り歩いてきた経験と、日本を代表する大御所アレンジャーの方々とのセッションで鍛えられた、打ち込みスキルのおかげで、僕は様々な楽器の特色をコンピュータ上でリアルに表現することが出来た。その技術を軸にして、ｈｉｄｅの右脳的発想を僕の左脳で処理しながら、実際の音として具現化していった。ｈｉｄｅとの作業は、常に新しい発見があり、とても刺激的だった。「何をやってもいいんだ」という自由な発想は、僕自身の創作に対する姿勢さえも変えていった。

同時進行の「HONEY BLADE」は「A STORY」とは逆の流れで作られた。まずセッションで曲の概要を固め、歌詞を書きあげたあと、その歌詞の内容に楽曲の世界観をすり寄せながらアレンジしていったのだ。ｈｉｄｅは普段、歌詞の話をすることはなかったが、この曲では、サウンド面でも歌詞を表現していく必要があったため、隠されたテーマを詳しく説明してくれた。歌詞の表面上は、普通の恋愛モノと読み取れるが、実は父と娘の近親相姦の歌であるということを教えてくれた（中盤の語りの部分で、それが明かされているが、歌詞カードには記載されていない）。歌詞に描かれている、美しい情愛の世界と、その裏に潜む、歪んだ愛と背徳の世界。ふたつの対比を、歌とギター、リズムのダイナミクスで表現していった。この曲はプリプロ段階でもかなり作り込まれていたが、のちのスタジオレコーディングでは、完成度にさらに磨きが掛かり、芸術性の高い作品となった

アコースティック・ギターとパーカッションによる軽快なアンプラグド・ナンバーとなった「50% & 50%〈CRISTAL LAKE VERSION〉」は、シングル・バージョンとはまったく違ったアプローチの作品で、ｈｉｄｅの振り幅の広さを感じずにはいられない。前半がアコースティックで、後半からバンド・バージョンに切り替わる構成は、プリプロのセッション中に生まれたアイデアだった。最後のサビでもうひと盛り上がりさせようと転調したところ、偶然シングル・バー

ジョンと同じキーになったので、だったらまるごと繋げてみようか？　という、思いつきの展開だった。実際に繋げてみた時は、「おぉ〜すげ〜鳥肌！　聴いた人、超ビックリするっしょ！」などと言いながら、ふたりして盛り上がった。いま思えば、最後までアコースティックのままで良かったような気もしないでもないが……(笑)。

話は前後するが、人を驚かせるのが大好きだったｈｉｄｅは、シングルの「50% & 50%」にもびっくりアイデアを仕込んでいた。仕込んだ場所はカップリング曲「DOUBT」のエンディング。この「DOUBT」はアルバム収録バージョンのものとは構成が少し違っていて、エンディングがフェードアウトになっている。徐々に音が小さくなり、やがて無音になり、曲が終わったと思ったその数秒後、爆音でギターリフが戻って来てドカン！　と終わるのだ。1曲目の「50% & 50%」にボリュームを合わせて聴いていくと、「DOUBT」の最後の最後に、最大音量で突然ドーーン!!　と来るのだから、びっくりしないわけがない。

ＣＤ音源制作の最終工程に、音量や音の質感を調整する、マスタリングという作業があるのだが、ｈｉｄｅは最大音量のレベル設定を、この最後のドーーン!!　に合わせて調整したいと言い出した。要は「50% & 50%」「DOUBT」の2曲とも、楽曲全体の音量を下げてもいいので、ドーーン!! で驚かせたいということなのだ。誰もが楽曲のレベルを最大値ギリギリまで引き上げて、ほかのアーティストの作品よりも目立たせたいと躍起になっている時代である。レベルを「下げる」という行為はもう本末転倒でしかなく、プロデューサー目線からすれば、ありえないチョイスだが、このバカバカしいアイデアを本気でやってしまうところもｈｉｄｅの面白いところだった。マスタリング・エンジニアも「ほんとにやっちゃっていいんですか？　こんなことやる人、ほかにいませんよ」と苦笑しながらも、逆にノリノリで作業してくれたのを覚えている。

ちなみにｈｉｄｅのデビューシングルとなった2枚のＣＤ「EYES LOVE YOU」と「50% & 50%」は、ジャケットにも遊びが隠されている。これらのレコーディングをしていた頃、ちょうど、３Ｄグラフィックアート、ステレオグラム、立体視、などと呼ばれる類の本が流行っていた。平面に描かれた絵や写真を、目の焦点を意図的にずらして見ることにより、立体的に見えてくる「騙し絵」的な作品集である。この３Ｄアートにハマっていた僕は、スタジオに本を持って行っては、みんなでワイワイと楽しんでいた。すると、ｈｉｄｅはこの「騙し絵」のテクニックに目をつけ、自分のＣＤジャケットのアートワークスに転用した。２枚の短冊形ＣＤジャケットを並べ、立体視することで、ジャケットに描かれた「ビン詰のｈｉｄｅ」が立体的に浮き上がってくる仕様にしたのである。

ｈｉｄｅは自分が面白いと思ったモノはすぐに「ｈｉｄｅ」というフィルターを通して表現した。

「レコード屋さん（ＣＤショップ）の店の前とかで、俺のポスターを必死で凝視してる子達がいるの想像してみなよ、すげぇシュールで面白いじゃん」

ｈｉｄｅは瞳をキラリと輝かせながら、イタズラっ子のように微笑んだ。２枚のシングルのポスターを３Ｄグラフィックアート仕様で作り、店頭での広告戦略を展開したいというアイデアだった。レコード会社もそのアイデアを気に入ったようで、さっそく動き出した。いつもそうだった。ｈｉｄｅのアイデアには、それを作り上げる人達をワクワクさせる、何か不思議な魅力が秘められていたのである。

「EYES LOVE YOU」（ジャケット色：緑）、
「50% & 50%」（ジャケット色：赤）

話をアルバムに戻すが、「50% & 50%〈CRISTAL LAKE VERSION〉」でも、そんなhideの遊び心に驚かされた人達も多かったのではないだろうか。

　まぁ、いま思えば、最後までアコースティックのままでよかったような気もしないでもないが……。

　っていうか、最後までアコースティックのやつが聴きたいよね（笑）。

当時のシングルCDは、8センチという小さなサイズで、長方形のケースにパッケージされていたため、その見た目から短冊形CDと呼ばれていた

未来人の片鱗

　スタジオ・レコーディングを目前に控えたある日、日本からレコード会社のお偉さん、Ａ氏（仮名）がやってきた。その晩、会食をということで、僕らはいつもの居酒屋に向かった。ＹＯＳＨＩＫＩ所有のレコーディングスタジオ「ONE ON ONE RECORDING」からほど近い、スタジオシティと呼ばれる街の一角、スタイリッシュなレストランやカフェ、ブティックなどが立ち並ぶベンチュラ通り沿いの「あさねぼう」という店である。僕らが住んでいるアパートからは車で30分以上かかったが、美味い日本酒と酒の肴に目がないアルコール・ジプシーにとっては、そんなに遠い距離ではない。ここに来ると、ＰＡＴＡに遭遇する確率も高かったので、ｈｉｄｅは好んでこの店を利用していたのである。

　店に着き、会食がはじまった。最初のうちは、とりとめの無い話を続けていたが、酒が進むにつれて、話は自然と音楽に移っていく。A氏は僕らよりひと回り以上も年上で、こと音楽に関して言えば、リアルタイムで「今」の音楽を体現している僕らの感覚とは、少しばかりズレがあるように感じられた。A氏自身は、その温度差に気がついていなかったのだろう。でなければ、こんな質問をhideにぶつけて来るはずもない。

「hideくんさ、この先、どんどん歳とっていくわけでしょ？　いまはいいかもしれないけど、いつまでそうやって化粧してやっていくつもりなの？」

悪気や他意は無いのだろう。しかし、hideが表現するヴィジュアルの世界に水を差すようなその言葉は、不躾と表現するのがピッタリな、リスペクトの欠片も感じられない質問だった。

「あ？」

hideの表情が一瞬で変わり、まわりの空気がピンと張り詰めた。hideは明らかにイラついていた。一触即発ともいえる状況に、そこにいたスタッフ全員が固唾を呑んだ。

するとhideは、小刻みに震わせた指で煙草に火をつけたあと、ゆっくりと口を開いた。

「あのね、Aさん、そんなのまったく問題無いよ。そのうちCGで完璧なヴィジュアルアーティスト作って、俺はいつのまにかフェードアウトしてってって、でも、hideって名前でやってくの。

いつのまにかすり替わってんの。もちろん、やってる音楽は俺が作ってるんだけどね」

凄い！　テーブルでもひっくり返すんじゃないかと内心ヒヤヒヤしていたが、まさかの大人な対応……いやいや、そうじゃない。発想のほうだ、凄いのは。

1993年といえば、映画『ジュラシック・パーク』や『ターミネーター2』が公開されたばかりの頃。最高レベルのCG技術を誇るハリウッド映画でも、まだまだ人間をCGで表現出来るような時代ではなかったはず。hideはどんな未来を見ていたのだろうか？


時は流れて、2012年。僕は自分のブログにこんなことを書き込んでいる。


「テレビでやってた初音ミクの台湾コンサートを観た。ホログラフィック投影された初音ミクの3DCG＋生バンド編成のライブだったんだけど、思ってた以上にすごかった。普通にコンサートを観てるみたいだった。こりゃ、盛り上がるわな。こうゆうのを観ると在りし日のhideを思い出す。っていうか、思い出した。

『hideくん、この先、歳をとったらいつまでV系でやってくの？』とレコード会社のお偉いさん。
〜中略〜
やっぱ、あいつは未来から来た人だったのかも（笑）」

ＣＧで作られた「初音ミク」というバーチャルアイドルが、ボーカロイドで歌って踊るライブ。この放送を見た僕は、19年前のあの日「あさねぼう」で起こった一件を思い出した。当時のｈｉｄｅの言葉と、初音ミクのホログラフィックライブが、見事にシンクロしたのである。そして、この不思議なシンクロは、奇跡の新曲「子 ギャル」や、「ｈｉｄｅ ３ＤＣＧホログラフィックライブ」へと繋がっていくのである。ｈｉｄｅの語った未来は時を経て、現実となっていく。

さて、話は１９９３年に戻る。

「ドカン！　ガシャン！」

店の外からすごい音がした。慌てて駐車場に出てみると、煙草を一服しているはずのｈｉｄｅが、「おらぁあああ」と叫びながら、Ａ氏の乗ってきたレンタカーのボンネットの上で飛び跳ねていた。「先に帰るよ」と言いだしたＡ氏の言葉が気に入らなかったらしいが、いやぁ、それだけじゃないだろ、やっぱり。

どちらにしても、もう誰にも止められない。ｈｉｄｅはドアを蹴り上げ、ミラーをヘシ折り、ヘッドライトをかち割ると、再びボンネットに駆け上がり、勝ち誇ったかのように腕組み仁王立ちして辺りを睨みつけた。その傍らで呆然と立ち尽くすＡ氏。見守るスタッフ達。

あ〜あ、またやっちゃったかぁ。どうすんだろ？　このクルマ。などと心配しながらも、僕の心は何故だか晴れやかだった（苦笑）。

翌日、レンタカーを返しに行ったＡ氏。「駐車場に停めていたらやられてた」と伝えると普通に許してもらえたらしい。さすが、アメリカだ。

LAの青い空　その参

9月19日

長いプリプロを経て、遂に1stアルバムのレコーディングがはじまった。ゲストプレイヤーとしてテリー・ボジオ（Terry Bozzio）、T.M.スティーヴンス（T.M. Stevens）という最強リズム隊を招き、まずは「HONEY BLADE」「DICE」「BLUE SKY COMPLEX」「EYES LOVE YOU」の4曲のドラム&ベースを録ることに。レコーディングスタジオは勝手知ったる「ONE ON ONE RECORDING」。エンジニアはXのアルバム『Jealousy』や『ART OF LIFE』をミックスしたリッチ・ブリーン。さらには、2枚のシングル制作時に、LOUD-PRODUCER（うるさいプロデューサーとhideが命名）の名で参加していた音楽評論家の平山雄一さんが、スーパーバイザーとして合流した。

リズム録りの数日前になるが、僕とｈｉｄｅは、テリー・ボジオに招待され、彼のドラム・ソロ・コンサートを観に行った。会場に着いて、まず驚いたのが「要塞セット」と呼ばれるドラムセット。ステージ中央に組まれた巨大なドラムセットは、タムの数だけでも20〜30個、バスドラム5個、シンバル系30枚、フットペダル20個、そのほかにも多数のパーカッションという、信じられない数のパーツで構成されていた。この巨大なセットは、ドラムセットの概念を遥かに超えた、ある種の芸術的オブジェ作品のようでもあった。テリー・ボジオはこのセットを操り、２時間に渡ってドラムだけのコンサートを行なった。

すべてのタム類は、「ドレミファソラシド」の音階にチューニングされていて、叩き出されるビートが、メロディーや伴奏を奏ではじめると、それはまるで打楽器だけのオーケストラのようでもあり、観客はその世界にどんどん引き込まれていく。僕らも例外ではなく、何とも形容しがたい不思議なコンサートを楽しんだ。後日、テリー・ボジオ本人に、この複雑な要塞セットを叩く時、何を考えているのかと尋ねてみると「ドラムを叩いている時、僕は宇宙にいるんだよ」という答えが返ってきて、リアクションに困ってしまったのを覚えている。

そして、レコーディングの初日。スタジオ入りした僕らがまず目にしたのは、なんと数日前に見たあの巨大な要塞セットだった。まさか、あのセットが丸ごとレコーディングスタジオに運ばれて来るとは（笑）。

ベーシストのＴ．Ｍ．スティーヴンスは、テリー・ボジオの紹介でこのセッションに参加することになった。テリー曰く「彼なら絶対に間違いない」というお墨付きの黒人ベーシスト。めちゃくちゃファンキーで、豪快で、背もデカければ声もデカい、派手な衣装とカラフルなベースにレッドが似合うニューヨーク出身のミュージシャンである。彼は野獣のように吠えながらベースをプレイするので、ドラムのマイクがその声を全部拾ってしまって、現場ではかなり面白かったが、後々の調整が大変だった。

レコーディングの方法としては、ｈｉｄｅ＆Ｉ．Ｎ．Ａ．で作ったデモ音源の基本的なリズムパターンを、ふたりに聴いてもらい、全体の決め事だけキッチリと合わせ、あとは、それぞれの解釈で演奏してもらうことになった。レコーディングがはじまると、ふたりのコンビネーションは凄まじく、ｈｉｄｅはのちのインタビューで「デモよりも１００倍くらい、すごいことをやってくれた」と語っている。

そして、「Terry & T.M.の最強グルーヴに魅せられたｈｉｄｅは、レコーディングの合間に録音した彼らのサウンドチェック音源に、自分のギターをオーバーダビングして「BLUE SKY COMPLEX」に繋がるインタールード（間奏曲）を作ってしまった。タイトルは「T.T. GROOVE」。もう、何のひねりも無い、そのまんまなタイトルなのだが（笑）。


リズム隊レコーディングが終わったあとは、スタジオを「JOHNNY YUMA RECORDING」に移し、そのほかの曲のトラッキングを開始した。トラッキングとは、コンピュータ上に展開していたデモ音源を一度バラバラに解体し、レコーディング用のマルチテープに録音していく作業のこと。解体された様々な打ち込み素材や、サンプリング素材は、エンジニアによってひとつひとつ磨き上げられ、より高いクオリティの音へと再構築されていくのである。

トラッキングが行われたのは、「D.O.D.（DRINK OR DIE）」「A STORY」「50% & 50%〈CRISTAL LAKE VERSION〉」「FROZEN BUG '93」「TELL ME」の5曲。

8月のプリプロ時、「ポップな曲を!」というテーマで作られた「TELL ME」は、いつものセッション形式ではなく、hideがひとりでアコースティック・ギターを弾きながら、ささっと作ってしまったイメージがあるが、レコーディングに入ってからは、アレンジを練り直し、細部まで入念に作り込む作業に時間を費やした。

エンジニアのリッチは、この曲の打ち込みドラムをいかに生っぽく聴かせるかに燃えていて、音色の細かい調整や様々な実験を何度となく繰り返した。実際のドラムセットの前にスピーカーを置き、そこから打ち込みのドラムを大音量で流して、その振動から生まれるドラムセットのノイズ音や部屋の反響音などをミックスして「生っぽさ」を演出する方法に辿り着いた。だったら、最初から人間に叩いて貰えばいいのにという説もあったりなかったりだが、ともかく、努力の甲斐あって、打ち込みのような人間のようなドラムサウンドが完成した。

hideは「じゃあ、せっかくだから架空のミュージシャンが叩いてることにして、クレジットにも載せようよ」と提案した。そのドラマーの名は「MITSUKO AKAI」。漢字で書くと「赤井満子」だろうか？ ネーミングのヒントは、この打ち込みドラムに使っている機材の名前が「AKAI S3200」だったというクダラナイ理由からなのだが、だったら「赤井満男」

だろうという気もしないでもないが、とにかく、何のひねりも無い、そのまんまシリーズであることは間違い無い。

「この『赤井満子』って誰なんだ？　って話題になったら面白いじゃん」

ｈｉｄｅはそう言って盛り上がっていたが、残念ながらまったく話題にはならなかった（笑）。まぁ、そういうこともあるよ。

ちなみに、この時点で「PSYCHOMMUNITY」「SCANNER」の2曲は、まだ存在すらもしていなかった。数日間のトラッキング作業を終えた僕らは、さらなる曲作りのため、再びｈｉｄｅの自宅スタジオに戻り、プリプロ作業を再開した。

9月23日

「アルバムの1曲目は、ライブのオープニングで使える曲にしよう！」

Xの「WORLD ANTHEM」のように壮大かつ荘厳で、聴いているだけで身体中の血液が沸騰してくる。そんなインスト*の曲を作りたいとｈｉｄｅは言った。いつものようにセッションスタ

＊インストゥルメンタル（歌のない、楽器のみで構成された楽曲）の略称。

イルで曲作りをスタート。まずは「EYES LOVE YOU」のサビのメロディーをモチーフにしたバラード調のイントロを作り、そこから曲の本編に突入。跳ねた3連系のシャッフル・ビートで構成された「PSYCHOMMUNITY」の初期バージョンが出来上がった。のちの1stソロツアーでバンド演奏された「PSYCHOMMUNITY EXIT」は、このシャッフル・ビートの初期バージョンにほぼ近い形である。

曲の概要が出来上がるにつれｈｉｄｅは首をかしげ出した。どうにもシックリこない様子で、何かが違うといった感じであった。方向性に煮詰まった時、僕はあることを思い出した。

日本とＬＡを行き来する時、僕はいつも大型スーツケースに数百枚のＣＤをギッシリと詰め込み、わざわざそれを持ち回っていた。数千曲に及ぶ音源ライブラリーは、自分が音楽を作る時のヒントとしてとても役に立ったからだ。スマートフォンさえあれば、いつでもどこでも無限の音源ライブラリーにアクセス可能な現代からは想像出来ない話だろう。しかし、90年代前半は、音楽を聴くといえばＣＤかカセットが主な時代。聴きたい音源に、いつでも自由にアクセスするためには、ＣＤの現物を持ち運ぶしか方法は無かったのである。

ビデオライブラリーも同様で、ミュージックビデオや映画など、必要なモノは必ず持ち回っていた。その中のひとつに、「DCI World Championships」というアメリカのマーチングバンド世界大会のビデオがあった。僕のお気に入りの1本である。ＬＡに来た当初、このビデオをｈｉｄｅに観せたことがあり、「おぉおおお〜カッコイイ！」と、大いに盛り上がったことを思い出したのだ。

僕はマーチングバンドのリズムアレンジを、楽曲に取り入れるよう提案した。シャッフルと、8分の6拍子のマーチは、どちらも基本3連系のリズムである。ハマらないわけがないのだ。このアイデアは、ｈｉｄｅにとってもど真ん中のストライクだったようで、直ちに採用された。

学生時代に吹奏楽部で培ったマーチングのアレンジ経験が、まさかここにきて活かされるとは思ってもみなかったが、おかげで、「PSYCHOMMUNITY」は、壮大なギター・オーケストレーションにマーチングのリズムという世にも珍しいアレンジの楽曲として進化していくのであった。

ちなみに、この曲の超イントロでフェードインしてくるリバース・サウンド（逆再生音）は、アルバムに収録されている全曲から一部分ずつを切り出し、その逆再生音をプログラミングして再構築したものである。ｈｉｄｅは、このようなマニアックな仕掛けや遊びが大好きで、何をやるにも細部まで徹底的にこだわった。実は全曲と言ったが、「SCANNER」だけはまだ形になっていなかったこともあり、このイントロ逆再生音には含まれていないのだが、ｈｉｄｅ的にはどうしても、それが気になったのだろう。後々、アルバムのラストを飾る「PSYCHOMMUNITY EXIT」の中に「SCANNER」のドラムループサウンドを仕込むことで辻褄を合わせたのだ。たぶん誰が聴いてもわからないような些細なことだが、ｈｉｄｅはそれほどまでに強いこだわりを持って作品を生み出していたのである。

DATE
TAPE NO. 19.
TAPE SPEED 7.5
TRACK 2TRACK
RECORDER STUDER
INTRO 63 / 67
HIDE.
(Master): Cop
REMAR
を参考にして下
Misery
1. Eyes love you. O.K. 5'52" FINAL V1.
2.
" O.K. • FINAL V2. (V1.
Head Wax 様
DIGITAL
COPY
M-1
DOUBT

1997年8月26日 hide presents MIX LEMONeD JELLYより

SLAVE
HD-133
HIDE
50% & 60%
SLAVE
AMPEX
DIGITAL
467
MASTERING
AUDIO TAPE

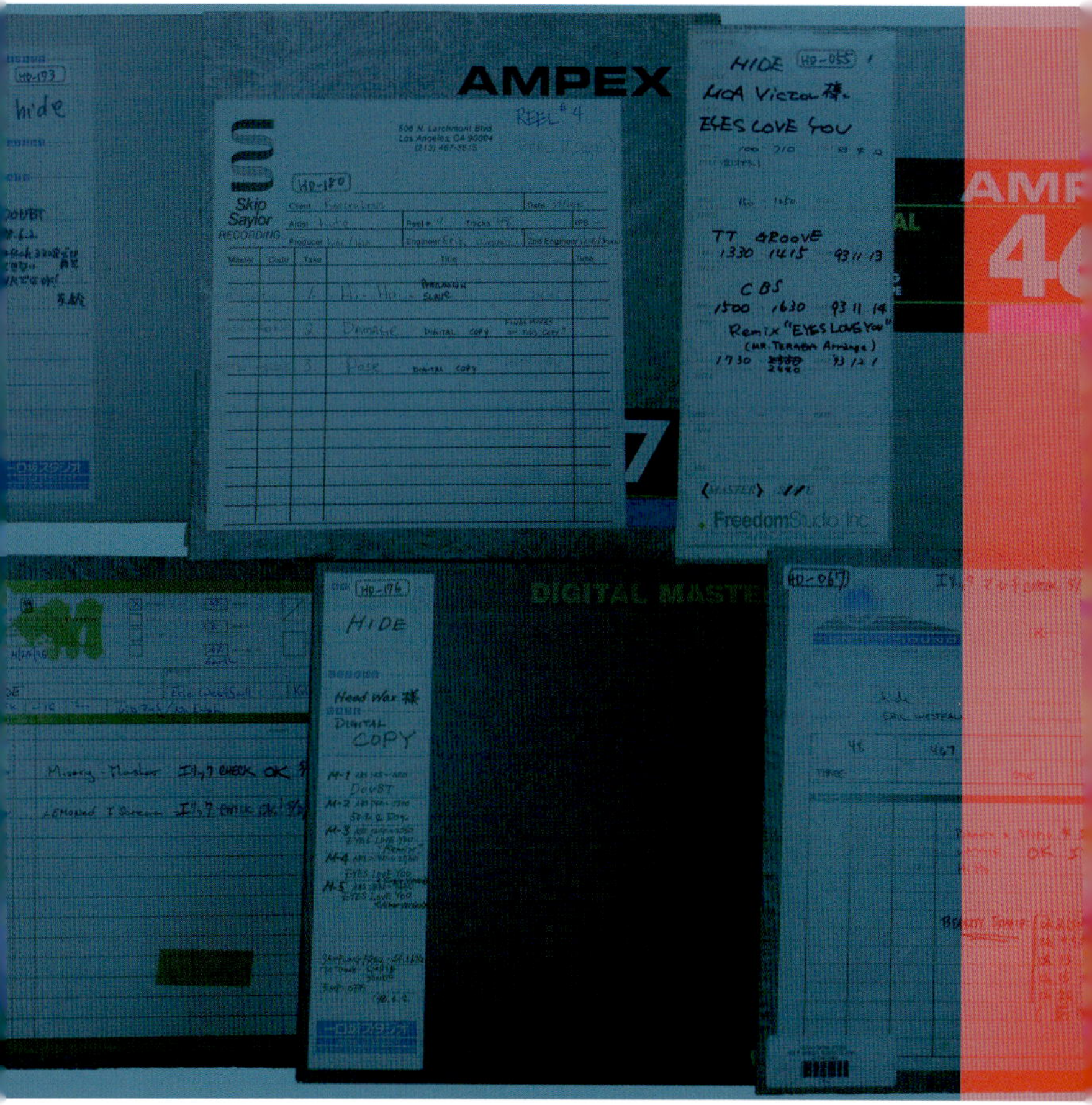
AMPEX
HD-173
hide
Skip Saylor RECORDING
506 N. Larchmont Blvd.
Los Angeles, CA 90004
REEL #4
HD-180
HIDE
HD-055
EYES LOVE YOU
TT GROOVE
CBS
Remix "EYES LOVE YOU"
FreedomStudio Inc.
DIGITAL MASTE
HD-176
HIDE
Head Wax 様
DIGITAL COPY
HD-067

DON'T PANIC

レコーディングやプリプロで忙しい日々を送っていながらも、ｈｉｄｅは息抜きを忘れなかった。今回のレコーディングには日本からの出張組で、Ｈくんというギターテック（ギター本体のメンテナンスや、アンプの音色作りなどを担当する楽器スタッフ）が参加していた。いまや世界的にも有名な新鋭機材メーカーの代表を務めるＨ氏だが、この当時は、ただただ夢中で必死に頑張る修行中の若者。イタズラ大好きなｈｉｄｅがそんな彼をいじり倒さないわけがない（笑）。

プリプロが早々に終わったある日、ｈｉｄｅ御一行様は、今回が初のロサンゼルス出張であるＨくんの歓迎会を兼ねていつもの居酒屋へ。

この日はヒデラも現れず（まぁ、そんなにいつも出現するわけではないが）良き1日となった。しかし、さぁ、帰ろうという時、ｈｉｄｅのイタズラ心が疼き出したのである。

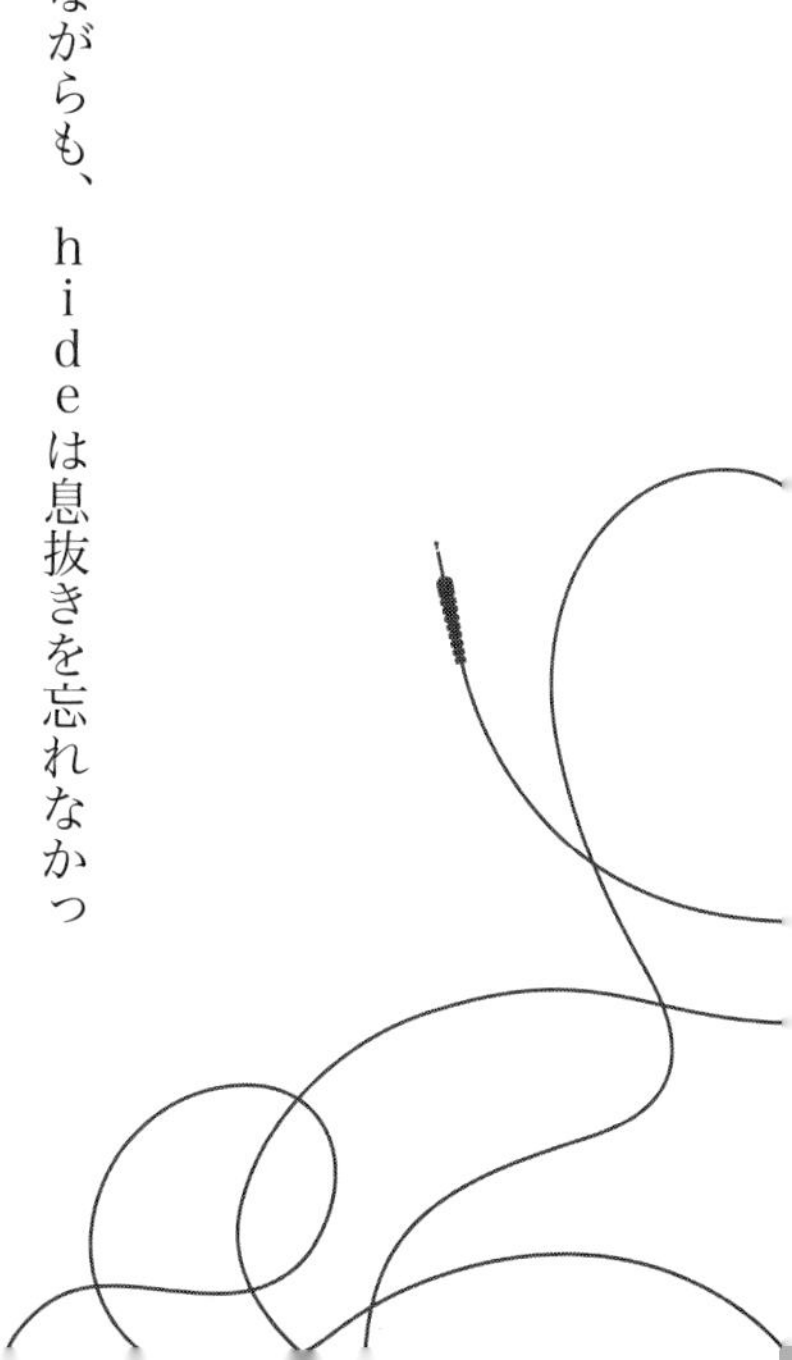

「工藤ちゃん、サンタモニカ通って帰ろう」

ｈｉｄｅがスタッフにそう告げると、僕らを乗せた車は示し合わせたかのように、とある地区へ向かって走り出した。向かった先は、ハリウッドとビバリーヒルズの中間に位置するオシャレ地区、ＷｅＨｏ（West Hollywood）。特に地区の西側は、ゲイタウンとしても有名な場所で、街を縦断するサンタモニカ通りには、ゲイバーやクラブが軒並みを連ね、夜になると、ギラギラとした剥き出しのエネルギーが渦巻くホットスポットとなる。道行く人達のほとんどはゲイカップルで、マッチョなイケメン同士が仲良く手を繋ぎながら歩いていたり、立ち止まってキスをしていたりと、日本ではなかなか見られないような光景が日常的に繰り広げられている街なのである。

ｈｉｄｅは日本から新しいスタッフやゲストが来ると、お約束で「ＷｅＨｏ見学ツアー」に繰り出した。連れ出されたゲストは本場ゲイタウンのど真ん中で車から降ろされ、そのまま置き去りにされてしまうというお決まりのパターンが展開され、焦りまくるゲストを尻目に、冷酷にも車は立ち去ってしまう。もちろん、近所をぐるりと周ってからすぐに元の場所へ戻り、ピックアップするというドッキリ的なイタズラなのだが、実は僕も過去に一度やられたことがあった。この手のイタズラは、パニックになって慌てれば慌てるだけ首謀者を喜ばせることになる。だから、そんな時は、乗っからずに無視するに限るのだ。僕の場合は特に慌てもせず、その辺をブラついていたら、「イナちゃん置き去りにしても面白くねぇや」と残念そうな顔で迎えに来てくれた。ほんとに悪い奴だ(笑)。

さて、この日の被害者はもちろんHくんである。車がゲイタウン地区に入ると、Hくんは、窓の外に流れる街の風景がいつもと違うことに気づきだし、驚きを隠せない様子でソワソワとしはじめた。hideは街で一番賑わっているオープンカフェ・スタイルのゲイバーの前で車を停めさせた。

「Hくん、ちょっとのど渇いたから、あそこの店で缶ビール買ってきて」

「ええ？　え？　あそこで買えるんですか？」

何かが起こりそうな気配を感じているHくん。

「買えるよ、早く行ってきて」

「いや、え？　えぇ？　あのバーで買えるんですか？」

確実に何かされることを感じているHくん。

「買えるよ！　いいから早く行ってこい！」

渋々と車を降り、ひとりで猛獣達の檻の中に入っていくHくん。ｈｉｄｅはそれを見届けるや否や、

「よし！　行け！　車だせ！」

もう、悪魔の所業である(笑)。

僕らを乗せた車は、Hくんを降ろしたあと、ワンブロック先の裏通りをぐるりと周り、お約束どおり元の場所へ戻った。

「あれ？　ｈｉｄｅさん、Hさんいませんよ」

スタッフは車を止め、辺りをキョロキョロと見回した。僕とｈｉｄｅも車内から店の中の様子を伺ってみたが、それらしき人影も無い。Hくんは消えてしまった。

「おかしいな、イナちゃんさ、ちょっと店の中、見てきてよ」

「ええ？　俺っ？　(なぜ俺が……)」

店に入っていくと、バーカウンターに座ったマッチョなお兄さま方からの熱い眼差しが集中す

る。アジア系男子がモテるという噂は本当なのか？　そんな熱すぎる視線を無視しつつ、店内を隈なく探してみたものの、彼の姿は見当たらない。どこへ行ってしまったんだろうか？　僕は車に戻り、もう一度みんなで辺りを捜索することになった。

10分が過ぎ、30分が過ぎ、1時間が過ぎた。Hくんが宿泊しているホテルは、大通りから少し入った閑静な住宅街の一角に位置し、行方不明になった現場からは徒歩5分圏内。ひとりで帰っているのではと、何度かホテルに問い合わせてみたものの、部屋には戻っていないという答えが返って来るばかりだった。

僕らは何軒ものゲイバーを探し歩いたが、彼の姿はどこにも無い。夜が更けるにつれ、街のネオンも消えはじめ、さすがに笑っていられる状態ではなくなってきた。

まさか、さらわれてしまったのか？　不安だけが募っていく。捜索開始から2時間が過ぎようとしていた。僕らは彼の宿泊ホテルの前に移動し、車内で彼の帰還を待つことにした。ことの顛末を想像すればするだけ不安になり、そこにいる誰もが口を閉ざしていた。車を停めた坂道はサンセット大通りに向かって遥か彼方まで、まっすぐ上に伸びている。何分経っただろうか、助手席に座った僕は、その坂道の先に、ゆらゆらと揺れる人影を発見した。ここＬＡは基本、車社会。深夜2時を回った時間に、人が出歩いていることなど皆無な街なのだが、もしや？

「あれ!? Ｈくんじゃない？ 行ってみよう。車、出して！ はやくはやく!!」

僕らを乗せた車は急発進して、人影に近づいていった。

「やっぱりそうだ！ Ｈくんだ！」

虚ろな眼差しで空中をぼんやりと見つめながら、道路の真ん中をゾンビのようにフラフラと歩くその姿は、ただごとではない何かを物語っていた。

僕とｈｉｄｅは車から飛び降り、彼の元へ駆け寄った。

「Ｈくん！ どうした、大丈夫？ Ｈくん!!」

僕は放心状態のままの彼の肩を両手で掴み、「おい！」と声を掛けながら身体を大きく揺すった。Ｈくんは我に帰った。

「……わぁぁあああぁ、ひ、ｈｉｄｅさぁ〜ん」

大声で泣きわめきながら、ｈｉｄｅに抱きつく彼を見て、僕は安心したと同時に、ことの真相を知るのがさらに怖くなった。

僕らはＨくんをホテルに連れて帰り、ロビーで休ませた。ｈｉｄｅにハグされて落ち着きを取り戻したのだろうか、しばらくすると、彼は自分に何が起こったのかを話しはじめた。

店に入るとマッチョな男達から次々に声を掛けられるＨくん。初めてのモテモテ体験に驚きを隠せず慌てて店を飛び出した。すると、すでに車は見当たらず、急いで探さねばとその場所を離れてしまう。1周して戻ってきた僕らの車とは、すれ違いではぐれてしまい、Ｈくんは僕らを探すために街を彷徨い続けたそうだ。その後、車に乗ったメンズ達にナンパされ、走って逃げるも追いかけ回され、気がついた時には、大通りから外れた裏通りを、右も左もわからぬまま、ただひたすら走っていた。

ｈｉｄｅはそれを聞きながら「そうか、そうか、恐かったなぁ、うん、うん」とＨくんを慰め続けた。

裏通りを逃げ回ったＨくんが次に辿り着いた先は、サンセット大通りのライブハウス・エリアだった。「モトリー・クルー（Mötley Crüe）」「ヴァン・ヘイレン（Van Halen）」「ガンズ・アンド・ローゼズ（Guns N' Roses）」「メタリカ（Metallica）」など、多くのアーティストを輩出した「ウィスキー・ア・ゴー・ゴー」をはじめ、「ロキシー・シアター」「ヴァイパー・ルーム」

など有名なライブハウスが立ち並ぶロックンロールの聖地である。

薄暗い裏通りからやっと大通りに出られたHくんだが、今度は、ライブハウス帰りの屈強なメタル野郎共にからまれて、またもや走って逃げ出す事態に陥った。

「大変だったなぁ、うん、うん」とｈｉｄｅは彼を慰め続けた。

Hくんは自分が何処にいるのかもわからなくなり、身も心も疲れ果て、放心状態のまま彷徨い歩いていた。そこを僕らに発見されたということだった。

「そうか、そうか、…………って、それだけかい！」

ｈｉｄｅのツッコミに、全員で爆笑した。

「さらわれたんじゃねぇのかよ！」

僕らは笑いながら、胸を撫で下ろした。


Hくんは、ｈｉｄｅに対して「ほんと怖くて怖くて、ｈｉｄｅさんが探しに来てくれて嬉しかったです」と、心から感謝しているようだった。いやいや、ちょっと待て。お前はアホか。それは違うよ、Hくん。そもそも、イタズラの張本人はこの男なのだから（笑）。

夜もかなり更けてきた頃、僕らはHくんを部屋まで送り届け、ゲイタウンをあとにした。走り出した車の窓から見えた、ゲイバーのネオンサイン、「DON'T PANIC」の文字がシュールに街角を照らしていた。

ギブソン レスポール

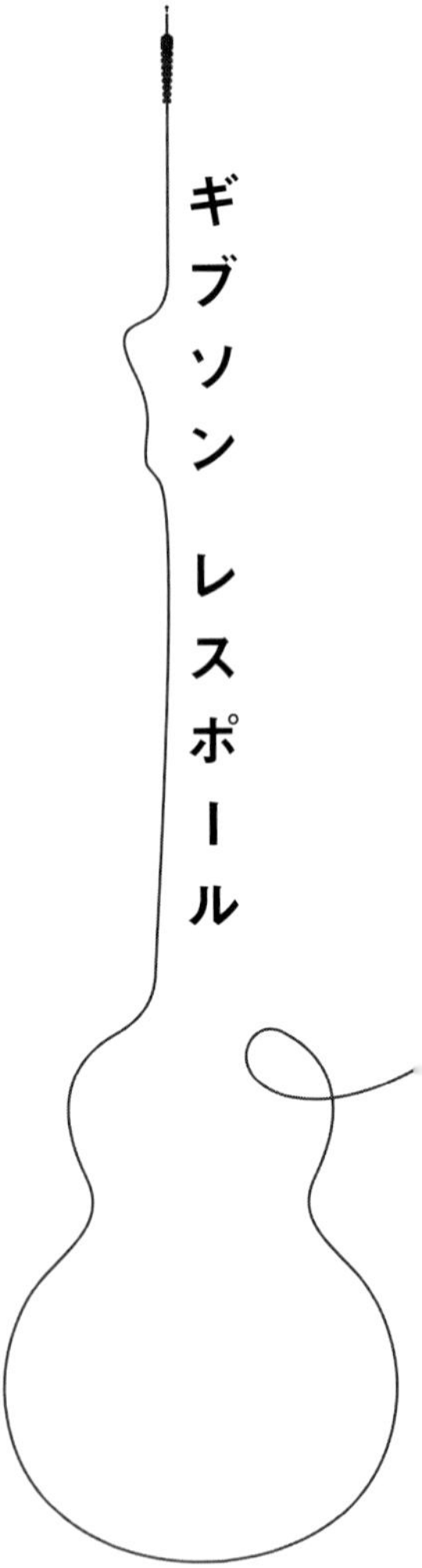

10月1日

Hくん騒動を挟みつつのプリプロを終えた僕らは、再びレコーディングスタジオに戻った。この日から「THE ENTERPRISE」にて、ｈｉｄｅのギター・レコーディングがスタートした。スタジオに大型のギターアンプ・システムを組み上げ、本格的な音作りの調整をしたのちに、全曲に渡って、プリプロ時に録音されたギター・トラックの差し替えレコーディングを行っていく。

自宅スタジオでは近隣への騒音問題もあって、大音量のギターアンプを鳴らすことが出来ないため、プリプロ段階で作られたギターサウンドは、あくまでも仮のものとして扱われ、後々差し替えられていくのである。レコーディングは、ギター録りのほかに、ゲストプレーヤー達による、ブラス、オルガン、コーラス、フィドルの録音も行われた。これらの作業は帰国予定日の前日、11日の夜中まで続いていった。

この頃になると、僕とｈｉｄｅの関係性に、良い意味での変化が起きはじめていた。「Ｍ×Ａ×Ｓ×Ｓ」や２枚のシングルの制作をしていた頃と比べると、僕自身、ｈｉｄｅプロジェクトに対しての基本姿勢が変わりつつあった。以前はｈｉｄｅをサポートすることが第一の目的で、彼のアイデアを具現化する手伝いという感覚であったが、ｈｉｄｅとの作業を進めていくうちに、その目的は「より良い作品を作る」という方向へシフトしていった。僕は作品のためならと、何でも意見するようになっていった。ｈｉｄｅの歌のジャッジメントはもちろん、時にはギタープレイにまでもダメ出しをした。しかし、ｈｉｄｅは嫌な顔ひとつせず、それをすべて受け入れてくれた。

「遠慮せずに、何でも言ってほしい。最高で最強の音楽を作りたい。だから、ただのイエスマンはいらない」

あの夜、「パラノイア・カフェ」で、ｈｉｄｅが僕に伝えてくれた熱い想いである。いつからだろう？　僕とｈｉｄｅは、こと音楽制作においては、どんな意見でも自然に言い合えるような関係になっていた。

10月某日

レコーディングスタジオにギター屋さんがやって来た。最高級のヴィンテージ・ギター3本を、左手に手錠でガッツリと繋いだままやって来た。

ｈｉｄｅは今回のアルバムレコーディングのために、理想のサウンドを掻き鳴らせるギターを探していた。そのギターは、ギブソン社のレスポール・タイプと呼ばれるヴィンテージ・ギターで、なかでも１９５９年製のギブソン レスポール スタンダード（Gibson Les Paul Standard）と呼ばれるモデルは、野太く艶やかでパワフルなサウンドを奏でることが出来、現在でも多くのアーティスト達に愛されている。この59年製レスポールの良い出物があるという噂を聞きつけたｈｉｄｅは、プリプロの合間にロサンゼルス郊外のヴィンテージ・ギター専門店へ出向き、そこで何本かのギターに目をつけた。今日はその試奏と商談のために、ギター屋さんがスタジオまでやって来たのである。

セキュリティ対策だろうか？　ギター屋さんは、ギターケースと自分の腕を手錠で繋いだままスタジオに入ってきた。おもわず笑ってしまったが、それだけ希少価値が高いギターということでもあるのだろう。ｈｉｄｅはそれらのギターを1本ずつ順番に試奏していった。

この試奏のやり取りがなかなかの予定調和で、例えて説明するならば、まず銅の斧で薪割りさせてみる（うんうん、なるほど、太いネック持ちやすいね）。次に銀の斧（お、バランスいいじゃん！）。この2本も最高ですが、これこそが特別なのです。あなたがお探しの斧はこちらでは？と、満を持して黄金の斧を持った女神登場（実際はおっさん）というお約束な流れがかなり面白かった。銅と銀は、黄金を際立たせるための前振りなのかもしれないが、それにしても黄金ギターのゴリゴリ骨太サウンドのパンチ力は群を抜いていた。ｈｉｄｅは即決でこのギターを購入。今後のｈｉｄｅサウンドの核になるであろう新しいギターがラインナップに加わった。

ちなみに、59年製レスポールは当時でも新車が買えるほどの価格だったが、あれから四半世紀たった現在の相場は、なんと、３０００万円超え!?　だとか。

あぁ、そんなことなら銀のほうでも買っておけば良かった。

過酷な日々

新しいギターの破壊力は凄まじく、ｈｉｄｅはその後のレコーディングでレスポールを使いまくった。まだ録音されていないギターパートはもちろん、録音済みのパートも録り直すことになり、スケジュールまでも破壊した（笑）。予定では、ボーカル以外の楽器パートは、すべてＬＡでレコーディングするはずだったが、Ｘの記者会見に合わせた帰国予定日までに終わらせることが出来ず、続きの作業は日本に持ち越しとなった。10月12日、僕らはＬＡをあとにした。

帰国後すぐに、手付かずだった「SCANNER」のデモの仕上げに取り掛かり、10月21日からは、恵比寿ガーデンプレイス近くのレコーディングスタジオ「VOX RECORDERS」で、ボーカルレコーディングを開始した。

一般的なボーカルレコーディングの方法は、ボーカリストによって様々な違いがある。しばらく声出しをしたあと、いきなり本番録音するタイプ。とりあえず、練習がてら歌ってみて、良い感じになってきたら録音するタイプ。じっくりと時間をかけて細部まで煮詰めていくタイプ。本当に人それぞれで、その方法は千差万別である。ただ、共通しているのは、「長時間出来ない」ということ。声は「なまもの」なので、艶、張り、伸び、鳴りなど、最適な状態を長時間キープするのが非常に難しい。ボーカリストは、旬な声質でいられる短い時間の中で、最良のテイクを録るために、常に喉の状態を把握し、レコーディングのペース配分をコントロールしていかなければならない。さらに、歌いまわし、音程、リズム、声量、ブレス、マイクコントロールなどの音楽的かつ技術的要素も意識しながら、歌詞の世界観も表現していくため、卓越した集中力が必要とされる。そして、1曲あたりの消費カロリーも並大抵ではなく、パワーを持続するためのスタミナも要求される。当たり前だが、カラオケで熱唱するのとは訳が違うのである。

ボーカルレコーディングでは、その「歌」の良し悪しに関しての判断を誰がどう下すかという問題もある。優れたボーカリストでも、歌っている最中に、客観的な視点を保ちつつ、リアルタイムで自分の歌をジャッジすることは難しい。そんな時に必要となってくるのが、第三者目線で的確な判断を下せるディレクターという存在だ。ディレクターは、限られた時間の中でレコーディングを効率良く行えるよう進行状況を調整したり、演奏の良し悪しを判断したり、アーティストがモチベーションをキープ出来るよう現場の空気感をコントロールしたりと、作品を良い方向へ導くための様々な役割を担っている。なかでも、歌のディレクションは大変重要な役割のひとつでもある。ディレクターは、ボーカリストが吐き出した「歌」という感情を、理性的にジャッジし、的確なアドバイスを行い、最高なテイクが録れるよう手助けをする。それには、冷静な判断力に加え、音楽的な知識も必要とされ、コミュニケーション能力にも長けていなければならないのである。一般的にディレクションを行うのは、レコード会社のディレクター、プロデューサー、アレンジャー、バンドメンバーなど様々だが、ｈｉｄｅの制作現場では、僕がそれを担当した。

ｈｉｄｅのボーカル録りは試行錯誤の連続でもあった。Ｘのギタリストとしての派手なステージ・パフォーマンス、ライブ中のソロコーナー「ＨＩＤＥの部屋」でのアバンギャルドな演出、ヴィジュアル写真集『無言激』に代表されるように、ｈｉｄｅが表現者として並外れた才能の持ち主なのは周知の事実だが、ボーカリストとしては、まだまだ未成熟であり、ボーカルのスタイルも完全には確立出来ていない状態だった。ｈｉｄｅは自分自身を「ボーカリスト・ｈｉｄｅ」へと成長させる過程で、新しい表現方法を生み出さなければならなかった。

この時点での、彼のボーカルレコーディング経験は、シングル曲の4曲のみ。先に述べた「技術的要素」を向上させるには、歌の経験値を上げるしか方法は無い。ｈｉｄｅは表現の幅を広げるために、あらゆる方法論を実践しながら、とにかく歌い込みを重ねた。シングル時の１０００本ノックと同様に、喉のコンディションやペース配分などお構いなしである。納得のいく歌が歌えるまで、録っては消してを繰り返す毎日だった。１日に何時間歌ったことだろうか。そんなボーカルレコーディングの日々は、１週間、２週間と続いていった。そして、試行錯誤の末に辿り着いたのが、楽曲ごとに歌い方や声質のキャラクターを変えてアプローチするという表現方法だった。結局、この試行錯誤の作業自体がｈｉｄｅというボーカルスタイルに繋がっていったのである。

「VOX RECORDERS」のスタジオ構造は、「コントロール・ルーム（音声調整室）」と「ブース（録音用の部屋）」というふたつの部屋が、分厚いガラスの2重窓を隔てて、向かい合う形で配置されている。コントロール・ルーム側で、スピーカーを正面にして座ると、その向こう側にガラスの2重窓があり、レコーディング中は、演奏者とスタッフが、目視でコンタクト出来るような作りになっている。僕はコントロール・ルームの中央に設置されたディレクターズデスクにつき、ブースで歌うｈｉｄｅと、互いに見つめ合う形で歌のディレクションをした。

　ブース内にいるｈｉｄｅの声はマイクを通し、常にコントロール・ルーム側に流れてくるが、こちら側の声はｈｉｄｅにはいっさい聞こえない。そのため、ｈｉｄｅと話をしたり、指示を出したりする場合はトークバックというシステムを使うことになる。手元にあるスイッチを押している間だけ、会話が出来るというインターホンのようなシステムである。例えば、歌い終わったあとや演奏を終えたあとに、コントロール・ルーム側のスタッフから、何も応答が無いと演者はもの凄く不安になる。そんな時は、すぐにトークバックをオンにしてあげることで「どうだった？」「良かったよ」などの会話が可能となり、円滑なコミュニケーションを図ることが出来るのだ。ｈｉｄｅからボーカルディレクションのすべてを任されていた僕は、常にこのトークバックのスイッチを握りしめ、彼のボーカル録りを見守った。

　ｈｉｄｅの歌録り方法は、Ａメロ、Ｂメロ、サビなど、楽曲をパートごとに分け、試行錯誤しながら何度も歌い込みを重ね、ベストな「歌」を完成させていくタイプだった。

「どうだった？」

ｈｉｄｅは歌い終わるたび、僕に意見を求めた。僕はトークバックのスイッチを押しながら正直な感想を彼に伝える。

「う〜ん、ピッチがいまいちだね」

「声の感じは良かったけど、リズムがもっとハマってたほうがいいね」

「タイミングはさっきのほうが良かったかな」

「じゃあ、踏まえて、いまのテイク聴いてみようか」

お互いに現状以上の完成度を目指しているので、必然的に僕のジャッジも厳しくなる。ほぼダメ出しに近い意見ばかりだが、ｈｉｄｅはそれらを受け入れ、次のテイクに活かしながらレコーディングは進んでいった。

レコーディングされた歌は、その後の編集作業を経て、さらに磨き上げられる。例えば「DICE」の場合、「♪〜目の前に有る全ての物が……十字を切れ」までの一節をレコーディングしながら10回～20回と繰り返し歌い続け、テイクを重ねていく。良かったテイクはキープされ、いまいちだったテイクは淘汰されていく。次に、勝ち抜いたテイクを聴き比べ、その中から特に良かった部分を選別し、編集作業で繋ぎ合わせ1本のボーカルラインを作っていく。最終的には、それを基にして、細かなピッチやタイミングのズレなども修正しブラッシュアップしていくのである。

これら歌のベストテイク厳選作業はボーカルエディット（または、ボーカルセレクト）と呼ばれ、当時から一般的に使われている手法ではあったが、コンピュータでの編集が不可能だった90年代前半ということもあり、アナログ的な手作業での編集は、1曲の歌を完成させるまでに、多くの時間を費やした。また、すべてのテイクを聴き比べる作業や、ピッチ、タイミングなどの修正の判断基準は自分達の耳だけが頼りであり、とてつもない集中力を必要とした。ベストテイクの選別は、僕とｈｉｄｅ、さらにスタッフが加わり、いつも4～5人体制で行い、それぞれが意見の提案をしていた。しかし、僕らふたりのジャッジがあまりにも細かすぎたせいか、気がつけば、スタッフはひとり、またひとりと次々に選別作業から離脱し、最終的には僕らふたりでの作業になってしまう。というのが毎日の定番だった。

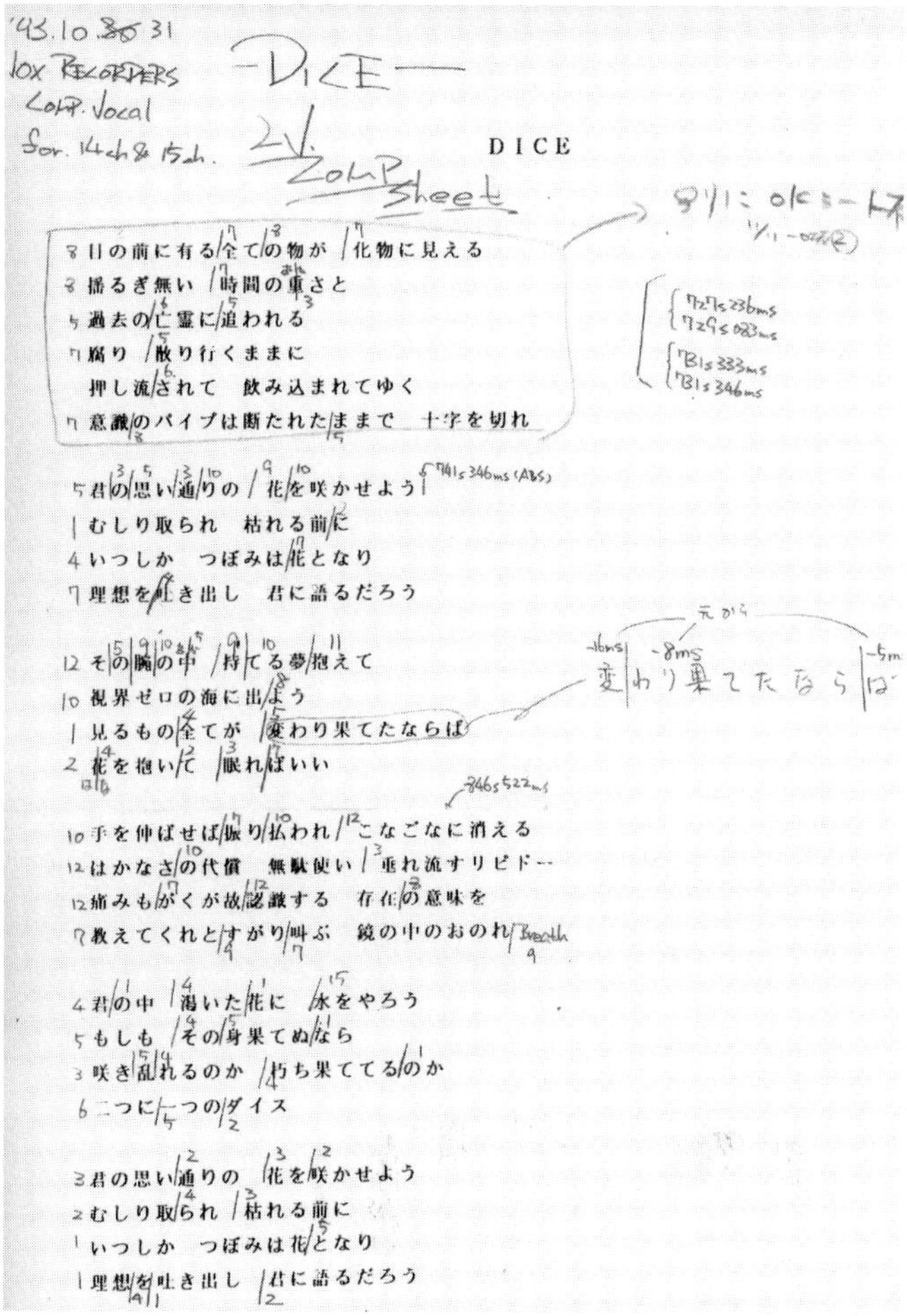

'93.10.31
10x RECORDERS
Comp. Vocal
for. 14ch & 15ch.

DICE

Comp Sheet

目の前に有る全ての物が 化物に見える
揺るぎ無い 時間の車さと
過去の亡霊に追われる
腐り 散り行くままに
押し流されて 飲み込まれてゆく
意識のパイプは断たれたままで 十字を切れ

君の思い通りの 花を咲かせよう
むしり取られ 枯れる前に
いつしか つぼみは花となり
理想を吐き出し 君に語るだろう

その胸の中 持てる夢抱えて
視界ゼロの海に出よう
見るもの全てが 変わり果てたならば
花を抱いて 眠ればいい

手を伸ばせば振り払われ こなごなに消える
はかなさの代償 無駄使い 垂れ流すリビドー…
痛みもがくが故認識する 存在の意味を
教えてくれとすがり叫ぶ 鏡の中のおのれ

君の中 渇いた花に 水をやろう
もしも その身果てぬなら
咲き乱れるのか 朽ち果ててるのか
二つに一つのダイス

君の思い通りの 花を咲かせよう
むしり取られ 枯れる前に
いつしか つぼみは花となり
理想を吐き出し 君に語るだろう

レコーディング日程が進むにつれて、ふたりの間には険悪な空気が流れはじめていた。完璧を求めた僕らは、クリエイティヴに対する労力は惜しまなかったが、その反面、ディレクションやジャッジのハードルを高く設定しすぎてしまい、ふたり共、息が詰まりそうな状況の中で作業を進めていた。果てしなく続くボーカルレコーディングを合理的に進めていけるよう、作業に付随する無駄な部分を省くようになっていったことも険悪な空気に拍車をかけた。例えば、歌をレコーディングしたあとのプレイバック。通常ならば、歌い終わったあと、本人がいま録音した歌を再生し、聴きながら確認するのは当たり前のことだが、僕らは、そのプレイバックのためのテープ巻き戻し時間さえももどかしく、ハードル設定に達していないと判断したテイクは再生すらもしなくなっていった。そして、その判断はすべて僕に委ねられた。

「♪～君の思い通りの花を咲かせよう…………君に語るだろう」

「前半のピッチが良くない。もう1回」

「♪～君の思い通りの花を咲かせよう……」

「ストップ！　ストップ！　止めて。もう1回だね」

「♪～君の思い通りの花を咲かせよう………君に語るだろう」

「う～ん、まぁいいかな、キープで。じゃあ、もう1回、別トラックで」

「♪～君の思い通りの……」

「ストップ！　もう1回」

「♪～君の思い通りの花を咲かせよう………君に語るだろう」

「はい前半だけOK。じゃあ、いつしか～から上書きで録って」

「♪～君の思い通りの花を咲かせよう………君に語るだろう」

「うん！　これはイイ！　聴いてみよう。プレイバック」

「♪～君の思い通りの花を咲かせよう………君に語るだろう」

「はい、いいね、キープしよう。じゃあ、8トラックは消していいんで、別バージョン録ってみよう」

必要最小限の会話だけの、こんなやり取りが1日中、何日間も続いていった。ｈｉｄｅはボーカル録りの最中、あからさまに不機嫌だった。歯に衣着せぬ僕のディレクションに怒っているのか？　思うようにいかない自分に苛立っているのか？　口元を歪ませ、眉をひそめながら、それでも彼は文句を言わず、黙って歌を歌い続けた。妥協しないｈｉｄｅの姿勢に応えるように、僕のジャッジも厳しさを増す。お互いが納得出来るまで、何度でも歌ってもらった。時には、コントロール・ルームとブースの間のガラス窓を挟んで、睨み合いになりながらレコーディングをした。休憩になっても笑い話ひとつ起きなかった。そんな日々だった。

厳しすぎるディレクションを続けていくのは、正直、心苦しかった。しかし、僕には「良い作品を作る」という唯一無二の信念があった。そして、その想いは、ふたりの信頼関係の礎となっていた。だから僕はあの時の言葉を信じて、ｈｉｄｅとの約束を守り続けることにした。

「良いものは良い。悪いものは悪い。遠慮せずに、何でも言ってほしい。じゃなきゃ、一緒にやる意味ないし、やれないから」

そして、11月。
長かった歌録りの日々が終わりを告げようとしている頃、
僕はボーカルレコーディングが嫌いになっていた。

11月6日

僕らはレコーディングの本拠地を市ヶ谷の「一口坂《ひとくちざか》スタジオ」に移した。これから約3週間かけて、アルバム完成までの最終作業をここで行う。ボーカルレコーディングは続いていたが、並行して、録りこぼした楽器パートの録音、インタールード（間奏曲）の制作など、アルバムの仕上げに向けた作業に取り掛りはじめた。そして、ロサンゼルスからエンジニアのリッチ・ブリーンを呼び寄せ、ミックスの準備にも入っていった。

ミックスとは、レコーディングされた楽器パート（ボーカル、ギター、ベース、ドラムなど）の、それぞれの音色や音量バランスを細かく調整し、音楽的に聴きやすくするための作業で、レコーディングにおける最終的な作業でもある。ミックスには、正しい答えが無く、担当するミキシング・エンジニアの個性やセンスが作品に大きな影響を与えるため、アーティストにとっては、その人選も重要となってくる。リッチ・ブリーンはXのアルバム『Jealousy』や『ART OF LIFE』での実績もあり、hideは彼のサウンドに絶対的な信頼を寄せていた。

「一口坂スタジオ」では、ふたつのスタジオを押さえ、ミックスとレコーディングを同時に進めていった。ミックスサイドのエンジニアは、リッチ・ブリーン。レコーディングサイドのエンジニアは、2枚のシングル制作にも参加した、友野さん。今回、アルバムの歌録りを含めた国内でのレコーディングは、すべて彼が担当していた。ちなみに、シングル完成の打ち上げ後に、hideの愛車「ジャガー」の後部座席に乗り込み、東名高速走行中に激しい吐き気に見舞われ、思わずドアを開け、胃袋の中身を空中にぶちまけた猛者でもある（後続車のみなさま、ごめんなさい）。

そんな彼が担当するレコーディングサイドのスタジオでは、ボーカルレコーディングの合間や、ミックスの待ち時間を使って、アルバムのインタールードを制作していった。

11月11日

最初に手を着けたのは、アルバムのラストを飾る「PSYCHOMMUNITY EXIT」。CDすら無くなりつつある現代では、アナログ盤（レコード盤）を聴いて育った世代にしかわからない、レアなネタ的な曲となってしまったが、ともかく、hideはこれを作るにあたって「アナログ盤の匂いを出したい」と言っていた。

レコード盤というものは、粗末に扱っていると、その盤自体に傷がついてしまい、再生時に音飛びを起こし、楽曲の同じ部分を繰り返し再生したり、次の曲まで飛んでしまったりと不具合が出ることが多かった。だから、僕らの世代はレコードを、そして、そこに在る音楽をたいそう大事に、まるで宝物のように扱ったものだ。hideは、そんなあの頃の大切な想いをこの曲に投影したのかもしれない。

実際の制作作業はアナログではなく、フルデジタルで進められた。すでにミックスまで完成しているアルバムオープニング曲「PSYCHOMMUNITY」を、コンピュータに取り込み、レコード針の効果音を付け足し、音飛びをプログラミングしていった。幾度となく繰り返されるテーマ、次の展開に行きそうで行かない、痒いところに手が届かず、イライラが募る感じはすべて僕の演出である。

この曲は、開始から12分を過ぎた辺りで大きな音飛びがはじまり、全曲をほんの一瞬ずつ再生し、その後は針の音のみが8分近く続いていく。これにはちょっとしたｈｉｄｅの遊び心が隠されている。ひとつはＣＤに収録可能な時間のギリギリ限界まで、何かしら音を入れたいということ。もうひとつは、このアルバムを寝る前に聴くであろう人へ向けて、最後の最後でびっくりさせる仕掛けを作りたいということ。

「いちばん最後に、このサイコミュニティーっていう世界から出ていくっていう設定で、ドアをバタンッ！って閉める音を爆音で入れようか。聴きながら寝落ちしちゃってたら、超ビックリするっしょ？」

まぁ、人を驚かすのが好きな人である。この曲の素材となる、アルバム1曲目の「PSYCHOMMUNITY」もそうだった。冒頭30秒のフェードインは、もの凄く小さい音からはじまり、時間をかけて徐々に徐々に大きくなっていくが、実はこれもドッキリアイデアの産物だった。初めて聴いた人が「あれ？　音小さいな」とボリュームを上げていくと、曲がはじまった途端、轟音に飲み込まれてびっくり！　というアイデアがもとになっているのだ。……そこまでやらんでも、ねぇ（苦笑）。

さて、ｈｉｄｅの言う、サイコミュニティーという世界を具現化するため、まずは、音飛びをプログラミングした「PSYCHOMMUNITY」を、スタジオブース内に設置した直径10センチほどの小さなスピーカーから再生し、その音をマイクで再録音する準備をした。古ぼけた蓄音機のような質感にするためと、部屋の反響音や空気感も同時に録るためである。スタジオブースは40畳ほどあるメインブースと、隣接するいくつかの小ブースで構成されていた。メインブースと小ブースはそれぞれ防音ドアで遮断されていたが、僕らはすべてのドアを開放し、80畳の広々とした空間を作り、その真ん中に小さなスピーカーを設置した。ｈｉｄｅは、このブース自体をサイコミュニティーという世界に見立て、自らもそのブースに入ることでその存在を「音」で表現しようとした。

「イナちゃんも一緒にブース入って遊ぼうよ」

ｈｉｄｅに誘われるまま、ブースに入ると、レコーディングがはじまり、針飛びを繰り返す「PSYCHOMMUNITY」のメロディーがスピーカーから流れはじめた。現実から隔離されたブース内は、シュールな異空間のようだった。僕らはサイコミュニティーの住人となり、思い思い、しばしの時間を楽しんだ。

11月13日

すでにレコーディングが終わっていた「T.T. GROOVE」は、hideの提案により、さらに遊び心をプラスすることになった。

「スタジオに入ったら、『BLUE SKY COMPLEX』のリハーサルやってた。みたいなことやりたいな」

曲を聴いている人が、自分の足であたかもスタジオに入っていくかのような、バーチャルリアリティ的な効果を出したいということだった。hideのアイデアを形にするための一連の作業は、「T.T. GROOVE」のミックスを作るところからはじまった。ミックス音源が完成すると、今度はそれをスタジオブース内の大型スピーカーから爆音で再生し、部屋全体に鳴り響く音をマイクで再録音した。広々とした部屋の響きを録ることで、リアルなライブ感を演出するためだ。実際に僕がマイクを持ち、テレビのロケ番組等でよく見かける音声さんのように、マイクを高々と掲げながら、スタジオの外と中を行き来し、レコーディングをした。

ライブ音源風に再録音することで、せっかく調整したミックスバランスは悪くなってしまったが、演出効果としては面白い作品が出来た。音源をキレイに仕上げるだけではなく、こんなふうに遊んでしまうあたりが、ｈｉｄｅの面白いところであり、凄いところでもある。再構築するとはいえ、手間暇かけて仕上げた音を敢えて汚したり、壊したりするのは、やろうと思ってもなかなか出来ないことなのだ。

ｈｉｄｅはこだわりを持って楽曲の世界観を細部まで作り込む反面、即興的な要素を取り入れる柔軟さやバランス感覚にも長けていた。

翌日のことである。ミックス作業の休憩中、エンジニアのリッチがスタジオブース内に常設してあるエレクトリック・ピアノを弾きながら遊んでいると、それを見つけたｈｉｄｅは、「なにこれ？　すげぇ、カッコ良い！　これ曲にしよう」と言いながら、アコースティック・ギターを抱えてブースに入っていった。ふたりがそのまま即興的にセッションをはじめたので、すぐさま僕はそれを録音した。そのテイクに、街のざわめきや、パトカーのサイレン、ラジオから聴こえる声などの効果音をダビングして、あっという間に曲が完成した。タイトルはリッチ・ブリーンの名前にちなんで「CRIME OF BREEN St.」と名付けられた。余談だが、曲の最後の方でかすかに聴こえる猫の鳴き声は、僕がやっている。

ミックスサイドのスタジオでは、連日、リッチがミックス作業を行っていた。基本、1日に1曲を仕上げるペースでミックスは進んでいたが、「DICE」に関しては、完成までに合計5日を費やした。完成～やり直しを何度も繰り返し、バージョンアップを重ねていった。

この曲はアルバムのリード曲であり、先行シングルとしてのリリースも決まっていたため、hideはミックスに対して、特に強いこだわりを見せていた。納得がいかないということで、部分的に歌を録り直すこともあった。

また、T.M.スティーヴンスが弾いた生ベースと、打ち込みシンセベースのグルーヴ感を、さらにがっつりと噛み合わせたいので、生ベースをコンピュータに取り込み、細かく編集しようというアイデアも飛び出した。

僕がhideのアイデアを具現化する時は、無駄に試行錯誤する時間を減らすため、作業前に頭をフル回転させて、まずはその方法を考えるようにしていた。しかし、この時ばかりはいくら考えても、彼の発想を実現するのは不可能という答えしか出てこなかった。なぜなら、ｈｉｄｅが望んでいる編集効果は、これから数年後にリリースされるソフトウェアによって初めて実現出来る効果だったのだ。

相変わらず、凄い発想だ。彼はほんとに未来人だったのかもしれない。それか、メーカーの開発人か。まぁ、どちらかだろう(笑)。僕はｈｉｄｅの望む編集効果に、極力近づけられるよう方法を考え、アナログとデジタルの手法を織り交ぜながら、楽曲にプログラミングを施していった。最終的に「DICE」は、９つのバージョンのミックスを経てようやく完成に至った。

11月26日
レコーディング最終日。この日、「OBLAAT」の完成をもってアルバム楽曲のレコーディング&ミックス作業はすべて終了した。あとは４日後に控えた、ＣＤ音源制作の最終工程作業である、マスタリングが終わればアルバム完成である。僕らはシングル制作から数えて８ヵ月半の、長きに渡る健闘を讃え合うため、というか、大いに打ち上がるため、制作メンバー全員で六本木の「パラノイア・カフェ」に出動した。はずだ。はずだ？……そう、残念ながら、僕にはこの日の記憶が一切無い(笑)。

先日、我が家のクローゼットで眠っていた1枚の写真を見つけた。この日、「パラノイア・カフェ」での打ち上げ後に、店の前の路上で撮られた集合写真だった。リッチ、友野さん、後藤さん、ヘアメイクチーム、音楽雑誌の編集長、ロックンロール日記の大島暁美さん、事務所のスタッフ、そしてなぜかJもいる。総勢13人の酔っ払い達。hideはその中心で道路に寝っころがり、僕は彼の脚を枕にして寝そべっていた。みんな良い顔で笑っていた。楽しそうだな。

……楽しかったんだろうな、きっと。

そうだ、あの時、ちゃんと言えたかな?

覚えてないから、いま、言っておこうか。

「ｈｉｄｅちゃん、お疲れ様でした！　そして、ほんとうにありがとう」

11月30日

『ＨＩＤＥ ＹＯＵＲ ＦＡＣＥ』完成。

ＬＡの青い空　再び

１９９５年1月21日

『HIDE YOUR FACE』の完成から1年と数ヵ月が過ぎた頃、僕らはＬＡの青い空の下、８畳間のプリプロルームに戻って来た。２ndアルバム制作へ向け、ふたりしてシコシコと音楽を作り続ける日々が再びはじまるのである。

『HIDE YOUR FACE』が完成してからの日々は、目まぐるしく過ぎていった。アルバムリリースに伴って、翌年の３月からは初のソロツアー「hide FIRST SOLO TOUR '94 HIDE OUR PSYCHOMMUNITY ～ｈｉｄｅの部屋へようこそ～」がスタート。

「今度のツアーはイナちゃんもステージに出てもらうからね」

「え？　……そうなの？　そっか、わかった。って、え？　なにやるの俺？」

ライブ用のアレンジ作業をしている最中、ｈｉｄｅはいきなりそう言うと、有無を言わせず僕を表舞台に引っ張り出した。本来、裏方だったはずの僕は、「I．N．A．」という名前を与えられ、髪を緑に染め、ヴィジュアルメイクでステージに立った。この刺激的な経験は、その後の僕の人生に大きく影響を与え、自分が音楽を続けていく理由を気付かせてくれるきっかけにもなった。

ツアーが終わったあとも、追加公演やライブビデオの制作、Xの年末コンサートと、慌ただしく月日は流れ、いつもの日常が戻ってくる頃には1年が過ぎていた。

今回渡米した時点での、ｈｉｄｅソロワークスの次の展開は、まったくの白紙。95年は、X JAPANのアルバム制作を最優先するため、ソロとしての表立った活動は予定されていなかった。僕らは、LAに長期滞在し、スケジュールから解放され、何の制約も受けずに、ただただ、純粋にｈｉｄｅという音楽を作り続ける日々を送るのである。


曲作りのプリプロは「とりあえず何も考えないで作っていこうか」という、あって無いようなコンセプトのもとはじまった。1stアルバム制作時と同様に、楽曲の基本形は、ｈｉｄｅのギター&ボーカルと僕の手ドラムによるセッションで作られたが、楽曲に肉付けを施すにあたって、今回からは、以前までの打ち込みによるシンセベースを却下し、ｈｉｄｅ自らがエレキベースを弾くことになった。ｈｉｄｅの弾くベースは、いかにもギタリストらしいベースという感じで、ギターリフの底辺を支えるようなフレーズが多く、逆にそれがギターを引き立たせ、重厚なサウンドの土台にもなっていった。

ほかにも、プリプロを進めていく上で、あきらかに進化した点がいくつかあった。『HIDE YOUR FACE』では、プリプロ時に録音されたギターテイクは、スタジオレコーディングの時点ですべて録り直していたが、このシリーズでは、プリプロで録音したテイクを最終的な作品にも反映出来るよう、音のひとつひとつを丁寧に作り込み、テイクのクオリティを上げていった。変わった音や、面白い音、新しい音を作るために、いろいろと実験もした。ギター関連の最新機材を導入したり、街のジャンク屋で見つけたヴィンテージのコンパクトエフェクターを使ったりもした。すべての音色に対してこだわりを貫くことで、より完成度の高いデモ音源を作ることを目指したのだった。

そうやって最初に出来た曲が「Junk Story」だった。1stアルバムの世界観を継承しながらも、サウンドはよりタイトに変化し、『HIDE YOUR FACE』には無い16ビート系のグルーヴが新しかった。そして、何よりも驚いたのが、歌が格段に上手くなっていたことだった。ｈｉｄｅの歌は、1stアルバムのレコーディングでの歌い込みや、ツアーを通じて進化し続けていたのだ。

次に取り掛かったのは「BACTERIA」。この曲では、実験的に楽曲を構成するすべての音を歪《ひず》ませてみた。ボーカル、ギター、ベース、キック、スネア、ハイハット、シンバル、シンセ、サンプリングサウンド、ノイズ、アコースティックギターまでも歪《ひず》ませた。様々なエフェクターを使い、何通りものディストーションサウンドによって構成されたこの楽曲は、前衛的でありながらもＰＯＰにまとめあげられ、新たなｈｉｄｅサウンドの幕開けを予感させた。

「THERAPY（限界破裂）」や「LASSIE」もこの時期に作られた曲である。これらのデモ音源は歌詞も含めて、1曲につき、2〜3週間ほどかけてじっくりと作り上げられていった。

そんな日々を送っていたある日のこと、僕はｈｉｄｅからの突然の電話で起こされた。プリプロの開始時間はいつも午後3時から。にしてはずいぶんと早い時間だが、何だろう？

「もしもし？　イナちゃん！　いま何やってる？　ちょっと来てくんない？　はやくはやく、急いで！」

「え？　なに？　どうしたの？」

「いいから、はやく来て。録ってほしいものがあるから」

僕の部屋から、3階のｈｉｄｅの部屋までは、ものの1分もかからない。眠い目を擦りながらドアをノックをすると、ギターを抱えたｈｉｄｅが出迎えてくれた。

「曲できたから、はやく録ろう！」

僕はすぐにコンピュータを立ち上げ、ｈｉｄｅの歌をレコーディングした。歌い終わるとｈｉｄｅは安心した様子で話しはじめた。

「あぁ、よかったぁ。さっきさぁ、ヴァージンレコードでＣＤ選んでたら、いきなり曲が降って来てさ、忘れないようにずっ〜と歌いながら、早歩きで帰ってきたんだよ」

大型ＣＤショップから僕らのアパートまでの道のりは徒歩15分。その間、同じメロディーを繰り返し口ずさみながら、急ぎ足で帰ってくるｈｉｄｅの姿を想像したら、思わず笑ってしまったが、名曲誕生には秘話がつきものなのである。降ってきた曲はのちに「In Motion」と名付けられた。

不思議なもので、こんなふうに突然曲が降ってくる時もあれば、何時間セッションしてみても、何も降って来やしない時もある。そんな時、僕らは、そのダメダメすぎるデモ楽曲に、敢えてタイトルを付け、マスターテープに録音し保管した。後々、調子の出ない時に、それらを聴いて「あぁ、もっと調子悪い時があったんだな、よし、がんばろう(笑)」という励みにするためだった。

「メモ」「中学生」「M.SUZUKI」「GO GO」「Nasty」様々なタイトルがあった中、ふたりのお気に入りは「スランプ」だった。これを聴くと、何故だか無性にやる気が出た(笑)。

ちなみに、この当時に作られたボツ曲「PUNK POP」は、これから約2年半後、ハードディスクから救い出され「ROCKET DIVE」として生まれ変わるのであった。

この時期の僕らは、新しいｈｉｄｅサウンドを確立するため、常にアンテナを張り巡らしていた。ＣＤを買い漁り、ＭＴＶやラジオから流れてくる音楽、街角に溢れる音楽に耳を傾け、創作のアイデアやヒントを貪欲に吸収していった。

「イナちゃん、エアロ（AEROSMITH）のあの曲聴いた？　すげぇドラムの音よくない？　ああいうのやってみようか」
「♪ドンッドン！」という、たった1発のドラムサウンドにインスパイアされ、そこからアイデアがどんどん広がっていき、楽曲になってしまうということもあった。「I KNOW（のちのHi-Ho)」も、そんな曲だった。この曲はふたりのセッションを通して進化していく過程が、ほんとに楽しかった。後半に出てくるサンバのリズムは、完全にｈｉｄｅの遊び心から生まれたアイデアだった。

「あれはＩ．Ｎ．Ａ．ちゃんと2人でジャムをやってる賜物ですね。『よし、次はこうやってＩ．Ｎ．Ａ．ちゃんを驚かせてやろう！』っていう」

ｈｉｄｅインタビューより抜粋――「uv」Vol.10（AUGUST 18.1996／ソニー・マガジンズ）

「I KNOW」が完成してから数ヵ月後には、こんなこともあった。
「ねぇねぇ、ｈｉｄｅちゃん、ＭＴＶでやってるアラニス・モリセット（Alanis Morissette）の新曲聴いた？　なんか、サビのコード進行とかメロの感じが『I KNOW』に似てるんだけど」

僕はそう言いながら、ｈｉｄｅにアラニスのＣＤを聴かせた。

「わ、ほんとだ。まぁ、でもいいんじゃない？　こっちのほうが先に作ってるし。つうか、アラニスがパクったんじゃね？　つうか、下の階に住んでる奴、アラニスなんじゃね？」

ちょうどこの頃は、階下の住人からの苦情が激しかった時期でもあり、夜中に音を出しながら作業していると、プリプロルームの真下の部屋から、「ドンドン」と棒で突っつかれることもしばしば。まぁ、確かに一日中同じ曲が流れ続けているわけで、下の部屋に住む人間にしてみれば「もう、その曲いいかげんにしてくれよ！」ということなのだろうが。

そんな階下の住人に対して、いちおう僕らも気を使い、夜の9時以降はヘッドフォンを使うというルールを厳守した。しかし、これがまたストレスの種でもあった。毎日毎日、ヘッドフォンを何時間も装着しているため、作業のあとは耳が痛くて触れないほどになってしまうのだ。長時間の圧迫により、耳たぶや耳の周りにニキビができてしまうことも多々あった。僕らは、それを「爆弾」と呼んでいた。

「やべぇ、耳に爆弾できた……痛ぇ」

「わ、爆弾、破裂した‼」

ふたり共、文字通り耳に爆弾を抱えることとなった(笑)。

ミラクルが起きる日もあった。それは、新曲を作るための諸々の準備をしている時のことだった。最近はポップな曲ばかり作っていたので、たまにはインダストリアル系のゴリゴリサウンド曲を作りたいというｈｉｄｅの要望を受け、僕は実際の作業の前準備として、何十種類ものノイズサウンドやサンプリングサウンドを鍵盤上に配置するプログラミング作業を行っていた。そして、配置された音が正しく発音するかどうかの確認をするために、シーケンサーの再生キーを押したところ、突然、聴いたこともないビートが流れはじめた。まるで、コンピュータが暴走して勝手に音楽を演奏しはじめたようでもあった。

「イナちゃん、なにコレ？　すげぇカッコ良いじゃん！」

切り刻まれたインダストリアル・ノイズサウンドが、複雑に絡み合い、別次元とも思える不思議なビートを奏でていた。

「え？　なんだこれ？　あ、そっか！　違う曲のデータが走ってるわ」

既にコンピュータに読み込まれていた別の曲の打ち込みデータが、新曲用に作っていたサウンドデータを自動的に演奏していたのだった。

このフレーズは、「POSE」のベーシックトラックとして使われることになった。偶然の産物とも言える、このトラックだが、ｈｉｄｅは、このカッコ良さを、ただの偶然では終わらせなかった。

「イナちゃんさ、このトラックがなんでカッコ良かったのか、細かく解析しといてよ。ただカッコ良いから使うんじゃなくて、そのカッコ良さの理由がわかってれば、テクニックとして別の曲にも使えるじゃん？」

さすがである。


渡米から半年が過ぎてもプリプロの日々は続いていた。「最近は、自分達が車で聴く用の音楽を作ってます」という冗談にも飽きてきた頃、僕らは別のアパートに引っ越すことになった。

この辺りに移り住んだ頃は、便利な場所だと浮かれていたが、住み慣れてくると粗もたくさん見えてくる。朝起きると隣の家が火事になっていたり、夜になると春を売るフッカー達がうろついていたり、近所のセブンイレブンにショットガンを持った男が籠城したりと、セキュリティ上の問題がかなり深刻化してきた。さらに、近所のバアさんからの苦情で、昼間でも音出し中は窓を開けられなくなり、階下からの苦情も合わせると、この場所で音楽活動を続けていくのは少々難しい状態になってきていたのである。

引っ越し後、僕とｈｉｄｅは別々のアパートに住むことになった。ｈｉｄｅの新しい住居は、ウエスト・ハリウッドとビバリー・ヒルズの中間辺りに位置する大型ショッピングセンター「ビバリー・センター（通称：ビバセン）」からほど近い両側8車線の大通り、バートン・ウェイに面した高級アパートメントの3階の角部屋。僕らはその一室にレコーディング機材を運び込み、プリプロルームを構築した。以前までの8畳間より、少しばかり広くなったような気もしたが、五角形という特殊な形をした部屋だったため、機材のセッティング場所が悩みどころでもあった。しかし、天井も高く、大きな窓からは、ＬＡの青い空と乾いた空気を十二分に感じることが出来、気持ち良く音楽に打ち込めそうな絶好の環境だった。この辺りは引っ越し前のエリアと比べるとかなり安全で、街の景観も美しかった。僕の住むアパートはｈｉｄｅの部屋から徒歩5分、3ブロックほど離れた場所にあったが、深夜でも安心して歩いて通うことが出来たのはラッキーだった。

新しいプリプロルームでは、ｈｉｄｅの音源制作以外に、Ｘのレコーディング作業も行われた。「DAHLIA」「SCARS」「DRAIN」のＨＩＤＥギターは、この部屋でレコーディングされた。ほかにも、10月から開催される「Ｘ ＪＡＰＡＮ写真展」の会場で流れる、ＨＩＤＥのコメントビデオ用のＢＧＭも作られた。ヘヴィなギターリフとヒップホップ系のドラムループ、インダストリアル系のシンセベースにＤＪスクラッチというミクスチャーサウンドに、ｈｉｄｅのコメントが乗っかるという異色ＢＧＭのタイトルは「COMMENT」。のちの「ELECTRIC CUCUMBER / zilch」の原型となった曲でもある。

そんな音楽漬けの、楽しすぎる毎日もそろそろ終焉を迎えようとしていた。ＨＩＤＥが出演する「Ｘ ＪＡＰＡＮ写真展」でのトークライブのスケジュールに合わせ、僕らは帰国することになった。そして、11月末からのＸ ＪＡＰＡＮのツアー、「DAHLIA TOUR 1995-1996」へ向けての作業に入っていく。

1995年10月18日
帰国。怒涛すぎる1年間の幕開けだ。

hide と zilch と X JAPAN

つい先日まで、LAでのんびりと好き勝手に音楽を作っていたのは夢だったのか？　マニピュレーターとして参加しているX JAPAN「DAHLIA TOUR」年末東京ドーム公演を終えてからの忙しさは、僕の中での「忙しい」というレベルを軽く飛び超え、I.N.A.として耐えうる仕事のキャパシティのギリギリまで攻め込んできた。

ツアーが一段落した矢先、正月三が日も御構い無しでhideの新プロジェクトのレコーディングがはじまった。詳細は聞かされていなかったが、なんでもhideが外国人とバンドを組むらしい。メンバー達はhideとの顔合わせも兼ねて、年末のドーム公演を観に来ていたのだが、せっかく日本に来たのだから、ついでに、レコーディングもしていこうじゃないかという話になり、急遽、渋谷のレコーディングスタジオに入ることになったのだ。

スタジオに着くと、hideはまだ来ておらず、プロデューサーのレイ（Ray McVeigh）、べースのレイヴン（Paul Raven）、初代ドラマーのスコット（Scott Garrett）、エンジニアのビル（Bill Kennedy）、そしてレコード会社のスタッフ数名が、談笑していた。レイヴンとビルは渋谷の電話ボックスから剥がしてきた大量のピンクチラシと、コンビニで買ったエロ本をスタジオ内いっぱいに広げ、高めなテンションではしゃいでいた。エロ本のグッズページで「電動きゅうり」という商品を見つけたレイは、そのネーミングセンスに大爆笑していた。

しばらくすると、ｈｉｄｅが神妙な顔つきで現れた。

「いやぁ、昨日のこと全然覚えてないんだけど、なんかやったかな?」

昨夜、ｈｉｄｅと外国人メンバーは恵比寿のクラブ「MILK」で呑み明かしたそうだが、どうやらそこで何かあったらしい。僕はその場にいなかったので、真相は定かではないが、まぁ、いつものやつだろう。ｈｉｄｅの表情から滲み出る、やらかした感がその何かを物語っていた。

あとでレイに聞いた話だが、この日のｈｉｄｅの狂人っぷりはハンパなく、グラスを空けるたびに、それを壁に投げつけ叩き割り、ガラスの破片の量に比例して悪態もエスカレート、最後はドラムのスコットと取っ組み合い寸前になり、店から強制退場という、とにかく、はちゃめちゃな夜だったそうだ。

彼らのプロジェクト名は「ｚｉｌｃｈ（ヂルチ）」。のっけからヒデラの洗礼にあうとは、幸先の良いスタートである(笑)。


渋谷でのレコーディングは「COMMENT」と「POSE」のトラッキング、そして、ドラム録りまでを行った。エンジニアのビルは僕らの大好物でもあるナイン・インチ・ネイルズへの参加経験もあり、90年代の近未来型ロックのサウンドメイキングに精通していた。その彼が、ドラムの音作りに使った手法は、驚いたことに僕らが『HIDE YOUR FACE』でやっていた手法とは正反対のものだった。

アンビエンスと呼ばれる、音の広がりや空気感、ブースの響きを上手く録ることで、迫力あるドラムサウンドを作ろうとしていた僕らだったが、ビルは逆にそれをすべて切り捨てた。空気感をシャットアウトした完全にドライなサウンドを録ることで、生のドラムにも歪《ひず》み系エフェクトをはじめとする、様々なサウンドエフェクトを施すことが可能になるということだった。いざ、レコーディングがはじまると、ビルはドラムの音をガンガンに歪《ひず》ませ、エフェクトをかけまくり、ひとつのテイクから何種類ものドラムサウンドを生み出していった。この新しいサウンドの構築方法には、僕もｈｉｄｅも目から鱗だった。そして、さらにビルはこう続けた。

「音作りはこれで終わりじゃない。このあと、波形編集を駆使して作り込んでいくんだ。イナダの使っているソフトだとそれが出来ないから、『Pro Tools』を覚えないとダメだね」

１９９６年1月7日

先にＬＡへ戻った「ｚｉｌｃｈ」のメンバーを追って、僕らも渡米した。ＬＡの老舗スタジオ「A&M RECORDING STUDIOS」では、レイの監修のもと、既にレコーディングがスタートしていた。

スタジオに着くと、「ｚｉｌｃｈ」に参加するというフランス人のプログラマー、エリック(Eric Caudieux)を紹介された。彼は、レコーディングした素材を編集するソフト「Pro Tools」のエキスパートだった。エリックは、「ｚｉｌｃｈ」におけるサウンドメイキングの手法を共有出来るようにと、企業秘密とも言える編集テクニックを惜しげもなく教えてくれた。僕は、いままで慣れ親しんだ音楽制作ソフト「Digital Performer」を手放し、「Pro Tools」へ乗り換えるための勉強と、編集作業の反復練習に時間を費やした。

「Pro Tools」の波形編集は「chop（チョップ）」と呼ばれ、「小さく切る、刻む」というその意味の通り、人間が演奏した録音データを音符の最小単位で切り刻み、タイミングを機械的に修正し、再び繋ぎ合わせ構築し直すことを指した。これにより、プレイヤーが生みだしたグルーヴ感は失われてしまうが、人間の体温や表情を感じさせながらも無機質という、前衛的なサウンドを作り出すことが出来るのだ。

この作業は、1曲に対して1万箇所以上の編集を施さなければならず、途方も無い時間と恐ろしいほどの手間がかかった。しかし、その効果は絶大で、それまで僕らだけでは、どうやっても再現することが出来なかった、「ナイン・インチ・ネイルズ」に代表されるインダストリアル・ロックの根底に流れる「グルーヴ無きグルーヴ」を、いとも簡単に手に入れることが出来たのだ。当時の日本人でこの手法を実践していたのは、いや、その秘密を知っていたのは、きっと僕とｈｉｄｅだけだろう。そして、このテクニックは、数年かけて熟成され、のちにｈｉｄｅが提唱する、「人間のグルーヴを切り刻んで機械のビートと融合させたロック：サイボーグロック」の基盤となり、時代に流されることの無い、唯一無二のサウンドに進化していく。

ギターの音作りにも驚かされた。通常は、1本のギターに対して1台のギターアンプを鳴らすのが定説だが、ビルの音作りはそれを完全に覆すものだった。特殊なスプリッター（ギター信号を複数に別ける機材）を使い、1本のギターで何台ものギターアンプを同時に鳴らし、それぞれのアンプの特性や、良い部分だけを抽出し、混ぜ合わせ、完璧なギターサウンドを作り上げた。

1台のギターアンプだけで音を作ろうとすると、「高音を上げると低音成分が足りなくなる」「低音を出すと中音が消えてしまう」など、トータルの調整が非常に難しい。しかし、ビルの音作りは、足りない部分を無理して調整するのではなく、別のアンプに任せてしまうという、足し算的な発想だった。この方法も「Pro Tools」編集の時と同様、日本人で実践していたのは我々だけかもしれない。なぜなら、このスプリッター機材はカナダからの個人輸入製品で、手に入れること自体が難しく、さらには製造メーカー曰く「日本人には絶対に売らない」というシロモノだった。日本人に売ると、内部構造を解析されて、安価で作られてしまうからということだった。

機材の裏側を覗いてみると、通常はネジ止めされるであろう裏蓋部分が、リベット打ちで厳重に接合されており、簡単には開けられない仕様になっていた。

録音機材も日本で使われているシステムとは大きく違っていた。90年代といえば、デジタルレコーダー（SONY PCM-3348）を使ってのレコーディングが当たり前の時代。しかし、「ｚｉｌｃｈ」においては、敢えて70～80年代に活躍したヴィンテージとも言えるアナログレコーダー(Studer A800）を使用した。アナログで録ったサウンドには、デジタルでは太刀打ち出来ない骨太さがあった。そのヴィンテージ機材から生まれたサウンドを最新のコンピュータに取り込み編集するという点も面白かった。編集されたデータは最終的にはデジタルレコーダーに流し込まれるわけだが、利便性だけを優先せず、遠回りをしても音の良さを追求するあたりはさすがだった。

……と、文字にしていくと、なんだか、もの凄いことを真剣にやっていそうだが、実際の現場は真面目とは程遠く、まるで、やんちゃなガキ共の溜まり場のようだった。スタジオ内には様々なおもちゃが散乱し、みんなビール飲んでるわ、Ｆワード連発するわ、犬は走り回るわ、ウンコ落ちてるわ、エロビデオ流れっぱなしだわで、とても大人達が仕事をする環境とは思えなかった(笑)。ある時は、スタジオで盛大なパーティーも繰り広げられた。レイヴンの誕生日ということで、「A&M」の向かいにあるストリップ・バー「CRAZY GIRLS」から、出張ストリップ・ダンサーを何人も呼んで、大いに盛り上がった。ビルは、ぞうさんパンツ一丁で中指を立てながら「This is American style!!」とカッコつけていた。

そんなこんなで、楽しいながらも、仕事の量はハンパなく増え、覚えることも多く、てんてこ舞いな日々を過ごしている頃、東京の事務所から新たなスケジュールが送られてきた。1月31日の「DAHLIA TOUR」広島公演が終わったらすぐに東京に戻り、hideソロ曲のレコーディングを開始せよ！　という指令だった（ギャ〜〜〜）。

1月25日

僕とhideは一時的に「zilch」から離脱し帰国した。まずは、hideが新しく立ち上げたレーベルのコンピレーション・アルバム『LEMONeD』に収録する2曲、「BACTERIA」と「限界破裂」の最終プリプロ作業を数日間行い、それが終わると「DAHLIA TOUR」のため広島へ。ライブを終えて東京へ戻ると、翌日からは「一口坂スタジオ」で、本格的なレコーディングがスタートした。
ドラマーとベーシストが必要だったため、ギリギリ進行の中、ｈｉｄｅ自らスケジュールブッキングの連絡を取り、ドラムにｈｉｄｅバンドでもお馴染みの「ZIGGY」のＪＯＥ、ベースに「DIE IN CRIES」のＴＡＫＡＳＨＩを招いてのレコーディングとなった。僕らは、「ｚｉｌｃｈ」で覚えたサウンドメイキングの手法を、さっそくソロのほうにも流用した。『HIDE YOUR FACE』でお世話になったエンジニアの友野さんと一緒に、マイクのセッティングやエフェクトの設定など、試行錯誤を重ねながら「ｚｉｌｃｈ」での録り方を再現していき、新たなｈｉｄｅサウンドの基礎を固めていった。４日間のレコーディングを終えると、翌日には新潟に飛び「DAHLIA TOUR」の本番を２ＤＡＹＳやりきった。その後、東京に戻ると、再びＬＡへ向けて出発。「BACTERIA」と「限界破裂」の歌のレコーディング。そして、「ｚｉｌｃｈ」のレコーディングに合流するためである。

２月11日
今回の渡米からは、「ｈｉｄｅ」のレコーディング拠点を「A&M RECORDING STUDIOS」

に限定した。「ｚｉｌｃｈ」がこのスタジオをホームにしていたので、ｈｉｄｅ自身がふたつのプロジェクトを自由に行き来出来る環境を優先したのだ。Ａスタジオで「ｈｉｄｅ」の歌を録り、その休憩時間にＢスタジオで「ｚｉｌｃｈ」のギターを録る、裏では僕がガッツリと「chop」作業をする。そんなふうに時間を有効に使っていった。10日間の滞在期間はあっという間に過ぎていき、僕らは次のライブのために帰国した。翌日からは、大阪である。ツアーの移動中、ｈｉｄｅは、レイが書いた英語版「DOUBT」の歌詞がプリントされた紙をずっと手にしていた。レコーディングスケジュールの次のターンでは「DOUBT」の歌録りも控えていたのである。

「イナちゃん、この歌詞すごくねぇ？　空耳アワー*になってるんだよ。英語なのに、歌うと日本語に聞こえるの」

移動中も小さな声で歌いまわしを練習していたのが印象的だった。

*空耳アワー：80年代から続くバラエティ番組「タモリ倶楽部」内のワンコーナー。外国語で歌われているが、あたかも日本語で歌っているように聞こえる空耳歌詞を紹介するコーナー。

2月26日

「DAHLIA TOUR」大阪2DAYSを終え帰京したが、翌日にはもう、本年度3回目のLA行き飛行機に乗っていた。短期間の渡米が繰り返されるこのシリーズでは、機材をエアカーゴ便で運ぶ時間的な余裕もなく、20数個に及ぶレコーディング機材は、僕とhideとスタッフの合計4人によって、すべて手荷物扱いで運ばれた。手荷物サイズを大きく超えた機材もいくつかあり、毎度毎度、大荷物を抱えながら入国手続きをしている我々は、税関職員達にもすっかり覚えられていた。

「また来たのか、もう、そのまま通っていいよ」

まさかの税関フリーパス待遇になった。

「hide」サイドの今回のターンは、「BACTERIA」と「限界破裂」のミックス作業。ミキシング・エンジニアは「zilch」チームのビル・ケネディにお願いした。スタジオ作業までには、まだ4日間ほどの余裕があったが、「Pro Tools」での「chop」作業がいまだ終わらず、僕はLAに到着したその足で、hide自宅のプリプロルームに機材をセットアップすると、さっそく編集作業をはじめた。

この頃になると、ふたりは精神的にも体力的にも、かなりしんどい状況になっていた。僕は、この人に倒れられたら元も子もないという想いから、なるべくｈｉｄｅが身体を休められるような環境を作っていった。

「俺は『Pro Tools』の作業でいっぱいいっぱいだから、今日はもうｈｉｄｅちゃん休んでていいよ」

僕は、ひとりでシコシコと、切っては貼っての「chop」作業を繰り返した。何時間経っただろうか？　リビングから聞こえるテレビの音が眠気を誘う。いつの間にか記憶は途切れ、目が覚めると午前3時を過ぎていた。ＬＡの夜空の下、開けっ放しの窓から吹き込む乾いた風は心地よく、8畳間のプリプロルームの床はとても柔らかだった。

3月10日

「BACTERIA」と「限界破裂」のミックスを完成させ、早々に帰国した僕らは、Ｘ　ＪＡＰＡＮの次の公演のため、すぐに名古屋へ向かった。残念ながら「DAHLIA TOUR」は、この名古屋公演の初日公演中にＹＯＳＨＩＫＩが倒れてしまい、そのあとに予定されていた公演スケジュールはすべて白紙となってしまった。ＨＩＤＥはＹＯＳＨＩＫＩの無事復活を願いながらも、「ｈｉｄｅ」としての歩みを止めなかった。名古屋から東京へ戻ると、気持ちを切り替え、アルバム『LEMONeD』と同日発売のビデオ『LEMONeD　Collected by hide』に収録されるＢＧＭ音源の制作に没頭した。

「LEMONed I Scream」「Squeeze IT!!」「OEDO COWBOYS」の制作に入ると、僕の仕事はさらに増えた。いままでやっていたプログラミングや編集作業に加え、エンジニアが行う最終的なミックスまでも僕が担当することになった。ｈｉｄｅが求める音質や作品クオリティに応えるため、スキルアップに励み、試行錯誤しながらの実験作業を日々繰り返した。

そんな最中、ｈｉｄｅに「Cornelius（コーネリアス）」のリミックスの話が舞い込んできた。音楽雑誌「音楽と人」ｈｉｄｅ×小山田圭吾氏の対談がきっかけだった。

この瞬間、僕のキャパは限界を超えた。あとはもう笑うしかない。次の渡米予定日の数日前のことだった。

「一緒に作ってるイナちゃんは、コンピュータの打ち込みだけじゃなくて、エンジニア的なこともやってる。～中略～　ふたりでやったコーネリアスのリミックス、あれ、最高の出来だと思う。イナちゃんの顔色はコンピュータみたいな色になっちゃったけど（笑）。ここまでくると、デスクトップミュージックだね。その分、イナちゃんに負担かかってるけど、俺は楽」

hｉdeインタビューより抜粋――「uv」Vol.9（JULY 16.1996／ソニー・マガジンズ）

PSYENCE

昨年の10月に帰国してからの約半年は、僕にとっては怒涛の連続だった。肉体的な疲労はとっくにピークを過ぎていて、それでも精神の力でなんとか頑張ってはいたが、途中からはその精神も折れかかっていた。ものづくりが大好きで、なかでもhideと作る音楽が大好きだった。しかし、日々の作業に追われすぎたのか、いつしか、自分でも何をやっているのかわからなくなり、「何のためにこんな大変なことやってるんだろう?」「このまま倒れて死んじゃうんじゃないか?」などと考えるようになっていた。

そんなある日、僕はコンビニで「HIDE」の文字が書かれた1冊の週刊誌を手にした。

「X JAPANのHIDEに会いたい」

病気と闘う子どもの夢を叶えるボランティア団体「メイク・ア・ウィッシュ オブ ジャパン」によって実現した、難病を抱えるひとりの少女の、「HIDEに会いたい」という夢。そして、その後のふたりの交流についてのエピソードが紹介されていた。

もちろん、この話は知っていた。だが、話の本質までは理解していなかったのだ。僕は、そこに描かれていたふたりの物語に激しく胸を打たれた。「ｈｉｄｅのライブが観たい」「ｈｉｄｅの新曲が聴きたい」、本当に、本当の意味で命を懸けてｈｉｄｅを待っている人がいる。その現実を改めて実感し、軽々しく「過労死するかも」などと口にしていた幼稚な自分を恥じた。と同時に、心の中で何かが弾けるのを感じていた。

「だったら俺も命を懸けて全力でｈｉｄｅをサポートしよう」

ｈｉｄｅとの音楽作りには、自分の命を懸けるだけの価値があり、自分が音楽を続けることにも意味がある。と、悟ったのだ。

もう悩むのはやめよう。そう思ったのなら、ただ行動すればいいんだ。

4月12日
1ヵ月ぶりにＬＡの街に戻ってきた。アルバム制作へ向けて、これからも怒涛の日々は続いていくだろう。しかし、もう迷いは無い。僕の心はこのＬＡの青い空のように、澄みきっていた。

2ndアルバムのレコーディングに先駆け、まずは先行シングルのためのプリプロ作業がスタートした。95年に作られたデモ音源の中からシングル候補として選ばれたのは「Junk Story」「In Motion」「MISERY」の3曲。先の2曲は『HIDE YOUR FACE』からの流れが強かったため却下され、「MISERY」だけが残った。

この曲は作詞作業においてのシチュエーションが、いつもと少し違っていた。hideが歌詞を書く場所は、決まって8畳間のプリプロルームだった。しかし、「MISERY」はLAの西側に位置するリゾート地、サンタモニカという海の街のホテルの1室で書かれている。hideはサンタモニカの海を見ながら、ひとりの少女に思いを馳せ、この曲を書いた。

「MISERY」は難病の少女、貴志真由子ちゃんへ贈られた曲と言われている。

プリプロ開始から2週間で「MISERY」のアレンジを練り直し、その後、スタジオレコーディングに移行した。スタジオは今回も「A&M RECORDING STUDIOS」である。奥のスタジオでは、相変わらず「zilch」がなにやら秘密作業をやっている。

「MISERY」のレコーディングには新たなスタッフも加わった。レコーディング・エンジニアのエリック・ウェストフォール（Eric Westfall　通称：エリックさん）である。彼は、ヴィンテージ機材を効果的に使いこなし、シンプルでありながらも、音圧のあるパワフルなサウンドを作り出した。このシリーズでは、ｈｉｄｅ自身も新しいギターサウンドにチャレンジし、僕も打ち込みに新しい方法論を導入していった。エリックさんと僕らのマッチングは、想像以上の手応えで、シングルの一発目から、ハイファイとローファイ、アナログとデジタル、生演奏と打ち込み、相反する様々な要素が絶妙なバランスで混じり合った、２ndの幕開けにふさわしい新しいｈｉｄｅサウンドが出来上がった。

5月5日

「MISERY」が完成した翌日からは、アルバム制作へ向けて本気のプリプロがはじまった。次のシングルを踏まえて作曲してくださいという、どこかからのお達しを受けて作られたデモ曲は「BIO DOLL JENNY」。のちの「BEAUTY & STUPID」だが、歌詞が完成し仮歌を入れていく過程で、もしかしてこれは僕のことを歌っているのでは？　という疑問が湧いてきた曲でもある（笑）。後日談だが、というか、22年後に知ったことだが、アルバムリリース後のプロモーション用カタログの楽曲解説に「この詞のモデルとなったＭＡＲＲＯＮ Ｂ氏は……」とちゃんと書いてあった。ＭＡＲＲＯＮ Ｂ氏とは、もちろん僕のことである。

「GOOD BYE」も、この期間に作られた曲である。このデモを聴いたディレクターの後藤さんは、「ビートルズの世界だね、このサイケなアシッド感を出せるアーティストはなかなかいないよ」と絶賛した。

「え？　ビートルズ？」

僕とｈｉｄｅは首をかしげた。おかげで、この時、面白いことに気がついた。音楽的なバックグラウンドがまったく違う、僕とｈｉｄｅの唯一の音楽的共通点が見つかったのだ。それは、まさかの「ビートルズを聴いたことが無い」だった。

日が進むにつれ、なんだか日常も慌ただしくなってくる。激しい曲も欲しいね、ということで、95年の夏に「ｚｉｌｃｈ」用として作っていた「DAMAGE」をソロに引き戻し、「I KNOW」は歌詞が出来上がると「Hi-Ho」として生まれ変わった。「MISERY」はLEMONeDレーベル所属の「ZEPPET STORE」にインスパイアされた「裏MISERY」に変貌を遂げ、最終的には「FLAME」というタイトルが付き「MISERY」の姉妹曲となった。1年前にボツになった「PUNK POP」は、一時的に「Automatic Machine gun」というタイトルを与えられたが、結局は却下、「ROCKET DIVE」として打ち上げられるのは、まだ先の話となった。アルバムのオープニング曲は、まさかのビッグバンドジャズ。hideがジャズをやりたいと言い出すとは思ってもみなかったが、なんでも大昔に観たギャング映画の雰囲気を出したいということで、それならばと、ハリウッドの王道を行くサウンドトラックメイカーであるケン・カグラー（Ken Kugler）氏にホーンアレンジを発注することになった。

いよいよアルバム曲も出揃ってきた。アルバムタイトルは〝精神=PSYCHO〟と〝科学=SCIENCE〟からなる造語で『PSYENCE』と名付けられた。

「PSYENCEってタイトルは、I.N.A.ちゃんと2人で作業してる時に出て来た言葉なんだけど、やってることは弾き語りをテープ・レコーダーに録音しているのとなにも変わらないのね。それをハード・ディスクに録ってるから、『僕らって科学を駆使してるよね』って言ってて(笑)。『でも、発想とかそういうモノは科学は出してくれないね』ってなって、『じゃあ俺たちがやってるのは〝バ科学〟だ』って(笑)」

hideインタビューより抜粋――「uv」Vol.10(AUGUST 18.1996/ソニー・マガジンズ)

アルバムのプリプロ開始からそろそろ2ヵ月というところで、シングル「MISERY」のPV(ミュージックビデオ)撮影隊が日本からやって来た。とは言え、撮影隊とは名ばかりで、実際にLAに来たのはヘアメイクの宮城くんだけだった。では、撮影は誰が? はい。私と宮城くんがやりました(笑)。記憶は定かではないが、たしか「PVは自分達で撮るからメイクの宮城くんだけ来てくれればいいよ。by hide」だったような気がするが。

とにかく、なんだかよくわからないまま「MISERY」のPVを撮らされるハメになり、僕と宮城くんとマネージャーの3人はインチキ撮影隊を編成した。

「MISERY」のPVのベーシックになっているスーパーマーケットやLA郊外の風力発電機のシーンは、昨年の夏、hideカレンダーの撮影時に、僕が撮りためていた映像素材を使うことになった。今回、新しく撮る素材は、リップシンク映像と「STAY FREE MY MISERY」のメッセージボードを持つシーンのみだ。リップシンクは2カット撮られ、ひとつめはｈｉｄｅの自宅のリビングで、ふたつめは自宅の屋上のプールサイドで行われた。そして、メッセージボードのシーンは自宅前の路上でという、なんという手作り感、なんというエコノミー感。90年代といえば、音楽業界はまだまだバブルな時代。レコード会社はプロモーションに大金を掛けられたはずだが……。いまだに謎である。きっと時間がなかったのだろう（ということにしておこう）。ちなみに、卵を割るシーンは僕がやっている。ｈｉｄｅがどうやっても卵を片手できれいに割ることが出来ず、僕が代理の手タレとなったのだ（失敗した卵は撮影のあと、卵焼きにして美味しく頂きました）。

「MISERY」には、こんな裏話もある。花王「サクセス」のＣＭソングのタイアップが付いたということで、ＣＭ用にサビの15秒&30秒パターンの音源を作っていた時のことである。

「イナちゃん、このＣＭに『サクセ〜ス！』っていうナレーションあるじゃん。折角だから、あれ、俺の声で録音して音源テープと一緒にクライアントに送ってみようか。もしかして、使われて話題になったら面白くねぇ？」

ん？　どこかであったような展開？　確かに使われはしたが、残念ながら、今回もまったく話題にはならなかった（笑）。まぁ、そういうこともあるよ。

6月13日

この日から2ndアルバム『PSYENCE』のレコーディングがスタートした。ｈｉｄｅがこのアルバムの完成後、プロモーショントークの核にした「最小の人数で最高のアルバムを最短期間で作った」という言葉通り、怒濤の日々のファイナル・ステージが幕を開けたのだった。

レコーディング前半戦は、１９６２年創業のハリウッド伝説の銘スタジオ「SUNSET SOUND STUDIO」で行われた。ここのスタジオのミキシング・コンソール機材は、独自に改造されたもので、部屋の鳴りも良く、最高に素晴らしい音がするスタジオだった。あのプリンスの『パープルレイン』もここで録られたそうで、スタジオをあまりにも気に入ってしまったプリンスは、のちに、まったく同じサイズで、同じ機材を備えたコピースタジオを自分のために作ったとまで言われている。

僕らはこのスタジオで、すべてのトラッキングを行う。まずは、日本からｈｉｄｅバンドの

ＪＯＥと、「ZEPPET STORE」のＹＡＮＡを呼び寄せ、６曲のドラムレコーディングを行った。残念ながら、ＹＡＮＡが叩いた「LASSIE」生ドラムヴァージョンはお蔵入りになってしまった。ｈｉｄｅは、この曲に関して、生ドラムで録り直したものよりも、打ち込みで作られたデモ音源の質感やスピード感を優先し、デモの状態のままでＣＤに収録するという大胆な選択をした。う〜ん、だったら僕的には打ち込みやミックスをやり直したかったのだが……。

「LASSIE」のデモ音源しかり、今回のアルバム制作において、ｈｉｄｅは僕が作り出すサウンドに、かなりの信頼を寄せているようでもあった。『HIDE YOUR FACE』の制作時、ひとつひとつのトラックの音作りは、すべてエンジニアに委ねられていたが、このシリーズにおいては、僕がそれを担当することも多くなってきていた。ｈｉｄｅは「細かい音のバランスはイナちゃんが作っていったほうが、より俺らが考えてるものに近くなるから、そっちのほうがいいんだよ」と言った。確かにその通りだが、僕のエンジニア技術は、あくまでもプログラミングから発生した見よう見まねの我流であり、プロの領域に土足で踏み込むような行為は如何なものかという迷いもあった。しかし、ｈｉｄｅは「聴いてよければそれで良い」という感覚を大切にした。誰がやったから、何を使ったから、時間をかけたから、ではなく、良いものは良いと正しく判断し、作品に反映していった。

アルバム『PSYENCE』では、制作の過程で嬉しい誤算もあった。レコーディングに費やす時間は1日あたり12時間程度。その限られた時間の中で、音を作り、ギターを録り、歌を録る。さらに僕だけの作業として、「zilch」とのセッション以降に取り入れた「Pro Tools」によるトラック編集作業もあった。hideのギターや歌の録りのディレクションをしながら、編集作業をこなすためには絶対的に時間が足りなかった。そこで、hideはある決断をした。

「イナちゃん、もうボーカルディレクションやらなくていいから、編集作業に専念して」

(うぉおおお〜、マジかぁ！　やったぁ〜)

僕は、心の中で歓喜の声をあげた。脳内大歓声が鳴り止まなかった。あぁ、もうあの大嫌いなボーカルディレクションをやらなくてもいいのだ。険悪な睨み合いの日々とはおさらばなのだ。しかし、いままでアシスタント・エンジニアがやっていた、最終的なボーカル編集作業はすべて僕のところに回ってきた。あれ？　結局、仕事量は増えたのか。まぁ、ストレスは大幅に減少したので、良かったことにしておくか(笑)。

6月27日

この日はｈｉｄｅ不参加の中、ハリウッドの山の向こう側、「O'Henry Sound Studios」で、アルバムのオープニング曲「PSYENCE」のビッグバンド・パートのレコーディングが行われた。「SUNSET SOUND」の数倍もありそうな巨大な録音ブースに、15人のジャズマンが集まりセッションが繰り広げられた。レコーディングの最中は、ミュージシャンの労働組合員なのだろうか、ストップウォッチを持ったスーツ姿の男が、常にスタジオ作業をチェックしていて、あらかじめ決められていたレコーディングの終了時刻が近づくと、いきなりカウントダウンをはじめた。

「あと10分です……5分です……1分です……はい、終了」

予定の時間を1秒でも過ぎたら仕事しませんという徹底ぶりには驚いた。こんな展開のレコーディングは、日米の経験を通しても初めてだった。

ちなみにこの日、ｈｉｄｅが不参加だった理由は『ELECTRIC CUCUMBER / zilch』のミュージックビデオ撮影があったためだ。

これは後日、「ｚｉｌｃｈ」のレイに聞いた話である。

赤い髪のドレッドで、空中に浮かび、顔と身体にゴキブリを貼りつけ、ボンデージ姿の老婆を四つん這いにしながらシャウトするエキセントリックなビデオ撮影を行ったあと、ヂルチ御一行様はサンセット大通りに面したクラブに遊びに行ったそうだ。その店で、ｈｉｄｅはマリリン・マンソン（Marilyn Manson）を紹介される。

当時のマンソンといえば、アルバム『Antichrist Superstar』のリリースを直前に控え、最凶に尖りまくっている頃である。ふたりは握手を交わしたが、マンソンはｈｉｄｅの手を取ったまま自分の股間に持って行き、さらにその手をパンツの中まで引っ張り込んだ。普通なら、慌てて手を引っ込めるところだろうが、ｈｉｄｅは違った。マンソンの股間に擦り付けられた自分の手をペロリと舐めこう言った。

「ふ〜ん……。美味いじゃん、ゴキブリよりもな」

「ｚｉｌｃｈ」の撮影の話を聞いていたマンソンは、ｈｉｄｅのニクい返しに爆笑し、そのまま意気投合。仲良く呑みはじめ、夜も更ける頃には、ふたりでギャーギャーと騒ぎながら踊り狂ったそうだ。

7月11日
レコーディング最終日まで、残り約2週間。7月の2週目からはスタジオを「SKIP SAYLOR RECORDING」に移し、ふたつのスタジオを同時に押さえ、レコーディングとミックスを並行して行うことになった。ミックス作業には、1stアルバムで大活躍したリッチ・ブリーンが加わり、エリックさんとふたり体制で作業を進めていった。僕の「Pro Tools」編集作業も、ひとりでやりきるには時間が足りなすぎるということで、1stツアーでマニピュレーターのアシスタントを務めた東浦くんを日本から呼び寄せ、プログラミングのサポートをお願いした。

この頃の僕は、スタジオに着くとまず最初にやることが決まっていた。本日の予定を紙に書き出しドアに貼る仕事だった。

最終日から逆算してその日にやらなければいけない項目をリストに書き出し、制作メンバーそれぞれが自分のやるべきことをキッチリとこなしていけるようスケジュール調整を担当した。まるでシフトをやりくりするバイトリーダーのようだった。

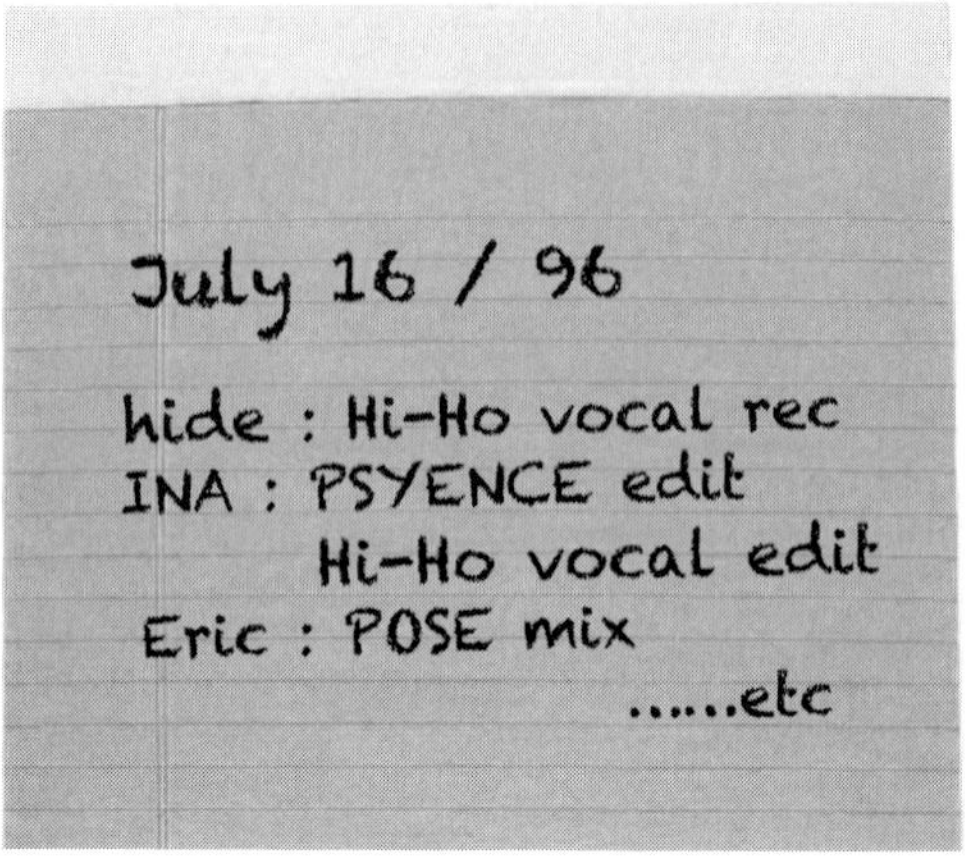

7月19日

レコーディング最終日の4日前、ギリギリ進行の中、やっと「ERASE」のトラッキングに辿り着いた。7月に入った頃、ｈｉｄｅは「アルバムの2曲目が無いんだよね……勢いのあるヤツが」と悩んでいたが、ここのスタジオに移ってからは、スケジュール調整の甲斐もあって、諸々の作業の空き時間をうまく使えるようになり、この曲を作ることが出来た。「ERASE」は、作曲プリプロからアレンジ、打ち込み、作詞、レコーディング、ミックス、完成までわずか2週間という、hide史上最速で出来上がった曲となった。

7月23日

レコーディング最終日、正確には24日の午前8時、すべての作業が終了した。大量の持ち込み機材が撤収されたあとのがらんとしたスタジオで、ひとりソファに腰掛け煙草に火をつけると、様々な想いが込み上げてきた。ホントに大変だったけど、ホントに楽しかった。そんな密度の濃い時間を過ごしたせいだろうか、やりきったという達成感とは裏腹に、明日からはもうスタジオに来ないのかと思うと、なんだかとても寂しくなった。

「イナちゃん、帰ろう！」

ロビーで待っていたhideが迎えに来た。マスタリングが終わるまでは完成じゃない。感傷的になるのはまだ早い。よし、今日はもう帰ってゆっくり寝よう。

7月25日

アルバム制作の最終工程であるマスタリングのために、僕らは「OASIS MASTERING」スタジオを訪れた。この作業で最終的な曲のレベルや音質、音圧、曲間が決められる。マスタリングエンジニアのエディ（Eddy Schreyer）が音質調整をはじめると、楽曲たちは魔法をかけられたかのように輝きを増していった。ｈｉｄｅはアルバムにスピード感を与えるため、曲間を極端に短く設定した。世の中的には平均曲間＝４秒と言われていた時代だけに驚きだったが、あたかもＤＪが曲を繋げているような効果は、バラエティに富んだ楽曲たちで構成される『PSYENCE』にはピッタリだった。

全曲のマスタリング作業が終わると、最終チェックを兼ねて、このアルバムを初めて通しで聴いた。僕らは、『PSYENCE』というアルバムがこの世に生まれ落ちた瞬間を楽しむと同時に、言葉にはできない至福の62分を過ごした。「最小の人数で最高のアルバムを最短期間で作った」という言葉に相応しい、素晴らしいアルバムが出来上がった。

2nd アルバム『PSYENCE』遂に完成。

マスタリング終了後、僕らはいつもの居酒屋「あさねぼう」へ打ち上がりに行った。何日ぶりのアルコールだろうか？　いや何ヵ月ぶりか？　気持ち的には数年ぶりという感覚かもしれない。怒涛の日々も、まずはここで一段落。僕らは、『PSYENCE』の完成を祝って乾杯した。

「お疲れでしたぁ〜！」

最高の仕事のあとのビールは最高に美味かった。すると、どこからか聴き覚えのある音楽が流れはじめた。

「……あれ？　……あ！　サイエンスじゃんこれ！」

hideが店の大将に頼んで、出来立てのCDをかけて貰っていたのである。

「……あれ？　……あれ？　おかしいな……やばい」

涙が、涙が止まらない。

hideはそんな僕に優しく微笑み、ちょっぴり照れ臭さそうに杯を差し出した。

「……んだよぉ〜。はい、イナちゃん、乾杯！」

7月27日（日本時間）

マスタリングの翌日、僕らは帰国した。成田に迎えにきたｈｉｄｅの愛車、ジャガーの後部座席にふたりで乗り込むと、ｈｉｄｅはさっそく『PSYENCE』のＣＤをカーオーディオに滑り込ませた。

「俺たちホント凄いアルバム作ったと思うよ。イナちゃんさ、このアルバムが売れないような国だったら、やっててもしょうがねぇから、そん時はもう、俺ら外タレになろう（笑）」

1ヵ月後には、全国ツアー「PSYENCE A GO GO」がはじまる。怒涛の日々はまだまだ終わらない。

３・２・１

１９９７年２月下旬

「もしもし、ｈｉｄｅですけど、あ、イナちゃん？」

この年の１月、ｈｉｄｅの所属事務所から「ｈｉｄｅさんが撮影中に怪我をしたので、今日からプリプロはしばらくお休みです。またこちらからご連絡します」と言われ、はや１ヵ月が過ぎたある日のことである。なんの音沙汰も無かったｈｉｄｅから突然電話がかかってきた。

「え？　ｈｉｄｅちゃん？　っちょ、ちょっと待って、いま運転中だから」

僕は慌てて駒沢通りの路肩に車を停めた。

「あぁ、イナちゃん元気だった？　俺、実は入院しててさ……」

「えええ？？　どうしたの？？」

「……頭蓋骨骨折しちゃってさぁ……」

「はぁぁあ？？？？……？」

「本当は2月の頭に渡米するはずだったのですが、ちょっと、バカをしまして、1週間ほど入院しておりまして、その後も2月いっぱいは、自宅療養をしておりました」

当時のｈｉｄｅホームページ内コンテンツ「hide's voice」より抜粋

怒涛の『PSYENCE』シーズンも終わり、97年は早々から「ｚｉｌｃｈ」のアルバム制作のために渡米するはずだった。しかし、ｈｉｄｅの怪我により、その予定は大幅に変更となった。実際、僕は「怪我をした」ということ以外、何も聞かされておらず、1ヵ月あまり放置され続け、事務所に問い合わせるも「またこちらからご連絡します」の一点張り。どうしたものかと心配していたところだった。

本人は酔っ払って地球と戦ったなどと冗談を言っていたが、正直なところあまり笑えず、むしろこれ以上、心配させないでくれと願うばかりだった。まぁ、大事に至らずに済んで良かったが、結局、怪我の原因や真相は闇のなかだった。事務所のスタッフはｈｉｄｅから「イナちゃんには怪我のことは一切言わないように」と釘を刺されていたそうだが、僕にはその意味さえもよくわからなかった。

３月３日

渡米。ひび割れた頭蓋骨もくっ付いたのか、病院からのＯＫも出たところで、ようやく僕らはＬＡへ向けて出発した。

久しぶりに「ｚｉｌｃｈ」に合流したｈｉｄｅは、その制作進行状況に愕然とした。彼らのレコーディングスタイルは良く言えばフレキシブルで、悪く言えば計画性がなかった。ｈｉｄｅがアルバム『PSYENCE』を作り終え、ツアーのため帰国していた7ヵ月の間、「ｚｉｌｃｈ」はスタジオに遊びに来るミュージシャンやゲスト達を次々とレコーディングに参加させ、自由に創作を模索しているように思えていた。しかし、自由すぎる環境は、いつしか方向性を見失わせ、その制作を暗礁に乗り上げさせた。そこで、ｈｉｄｅは現状を打破するために、大胆な決断をした。既にミュージックビデオが完成している「ELECTRIC CUCUMBER」と、その他の3曲以外を一旦ボツにして、新曲を書き下ろすことを決めたのだ。

ｈｉｄｅはソロの時と同様に、僕とふたりで8畳間のプリプロルームに引き籠り、２ヵ月の間に7曲を書き上げた。5月になると僕らも「A&M RECORDING STUDIOS」に作業場を移し、スタジオ内にｈｉｄｅ＆Ｉ．Ｎ．Ａ．専用プリプロルームを設営した。僕らふたりで作ったモノを「ｚｉｌｃｈ」に投げ、改造されてきたモノをさらに改造して投げ返す。そんなことを繰り返しながら楽曲は出来上がっていった。

ｈｉｄｅがメインコントロールルームで、歌やギターのレコーディングを行っている間、僕はプリプロルームで黙々と「Pro Tools」での編集作業に勤しんでいた。ある時、嬉しそうな顔をしたｈｉｄｅがメインコントロールルームから飛び出し、僕のところへやって来た。

「すげぇよ！　イナちゃんが編集した『WHAT'S UP MR. JONES ?』、みんな、こりゃすげーって、マジでビックリして絶賛してるよ！」

昨年の怒涛の日々で鍛えられたおかげか、僕のプログラミングスキルは自分でも気がつかない間に、世界標準を凌駕するレベルに達していたのだった。ｈｉｄｅはなんだか誇らしげに笑っていた。この評価は、ｈｉｄｅのソロプロジェクトの実力が世界レベルであることの証明でもあったからだ。

僕らが「A&M」スタジオ入りしてから、1ヵ月が過ぎた。「ｚｉｌｃｈ」は相変わらずのんびりと進行していた。今日はスタジオに誰が遊びに来る、明日は誰がといった感じで、その度にレコーディングは中断し、なかなか先へ進まなかった。1年半近くもレコーディングを続けているのに結果が出ない。経費もかさみ続け、そろそろゼロがひとつ増えそうな勢いだった。そんな状況にｈｉｄｅは苛立っていた。

「業界とか、周りからは、結局、どうせあのバンドのギタリストがやってるからだろって言われるんだよ。それだけは絶対に言われたくない」

そう言って憤慨していた。そして、ある日、その不満は爆発する。

「イナちゃんさ、俺、このあと発狂するけど、イナちゃんには関係ないから気にしないでね。なんなら先に帰っててもいいよ」

翌日からの「ｚｉｌｃｈ」は、劇的に変化した。昨日までとは打って変わり、全員がアルバム完成へ向けて本気で走り出した。

7月17日

『３・２・１』完成。

『３・２・１』は、非アメリカ人達によるアメリカへ向けての挑戦状でもあった。ｈｉｄｅは邦楽と洋楽の垣根を越えたこのバンドに未来を見ていた。

「このアルバムでグラミー賞獲ろう。そしたら壇上に上がって日本語で言ってやるんだ。お父さん、お母さん、産んでくれてありがとう！　って」

時代の終焉

１９９７年9月22日

ＸＪＡＰＡＮの解散が発表された。記者会見の最中、自宅で待機していた僕は、会見が終了したとの連絡を受け、麻布にあるｈｉｄｅの自宅スタジオに向かった。解散発表が行われた「都ホテル」の前に差し掛かると、大勢のファンの人達が塞ぎ込み、咽び泣いていた。正直、こんな日にプリプロ作業をやる必要も無いのにと思っていたが、ｈｉｄｅにしてみれば、敢えて音楽に没頭することで、平静を保ちたかったのかもしれない。ｈｉｄｅの自宅に着くと、パーソナルマネージャーの松本裕士氏をはじめとするスタッフ達が慌ただしく動き回っていた。僕は、ＨＩＤＥに心からの「お疲れ様でした」を贈った。彼は「うん……」と言って軽く頷いたあと、明るい声で「さぁ、やろうか！」と答えた。

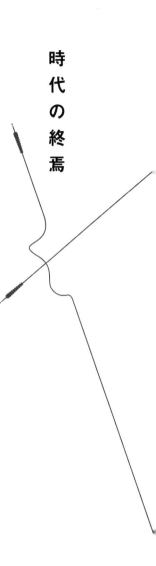

僕らは次のシングルへ向けてのプリプロ作業を進めていた。テーマはロケット。この曲には、今日この日を悲しむファンの人達へ向けてのメッセージが込められた。

11月上旬

「ROCKET DIVE」を完成させた僕らは、その後もｈｉｄｅの自宅スタジオでプリプロを続けていた。ある日、ｈｉｄｅのご両親が営む会社の顧問税理士であるＭ先生が、ご両親と共にｈｉｄｅのところへ遊びにやって来た。

普段からパステルカラーのスーツを着こなし、いろんな遊びを知っていそうなＭ先生。いつも仕事に没頭しているｈｉｄｅを見るに見かねて、息抜きにでも連れ出そうとしたのだろうか。それとも、ただ一緒に遊びたかったのか。

「ｈｉｄｅさん、たまには寿司でも食いに行きましょうよ、呑みましょうよ」

最初はお誘いを丁重にお断りしていた仕事モードのｈｉｄｅだったが、先生のこの言葉がｈｉｄｅのハートに火をつけてしまった。

「がっつり呑みましょうよ、行くとこまで行きましょうよ」

「先生、言ったね？　行くとこまで行くって。俺に呑ますって言うんだから、ちゃんと責任取ってもらうよ」

「はい、行きましょう！」

（あ、これやばい展開じゃん、ヒデラパターンだよ）

「よし、イナちゃん、今日はもう終わり。呑み行こう！　ヒロシも行くぞ!!」

（わぁ、やめろ〜、誘うな〜、行きたくねぇ〜）


ｈｉｄｅ、Ｍ先生、マネージャー（実弟）のヒロシ、僕の４人は、六本木にあるＭ先生御用達の高級寿司屋に出かけた。寿司も美味いし日本酒も美味い。１軒目は何事も起こらず楽しく呑めた。２軒目は、これまたＭ先生御用達、綺麗なお姉さま達のいる高級クラブへ。

（ここはやめよう。俺の勘がそう言っている。というか経験がそう言わせている）

僕の勘は正しかった。ｈｉｄｅは30分もしないうちに「なんで客の俺が気を使わなきゃいけねぇんだよ」と言い残し、さっさとひとりで店を出て行ってしまった。ヒロシは慌ててｈｉｄｅを追いかける。呆然とするＭ先生。しばらくするとヒロシから連絡が入った。

「いまhideさん、そこの店の近所で呑んでますので大丈夫です。ちょっと待っててください」

1〜2時間ほど待っただろうか、hideとヒロシはまだ戻らない。M先生も外の様子を伺いに行ったっきり、そのまま戻って来なくなった。僕は、綺麗なお姉さま達に囲まれつつも、外のことが気になり話もまったく入ってこない。

つまらん。とりあえず、ここを出よう。

「すみません、お会計お願いします」

お会計伝票を見て驚いた。◯◯万円って。これって僕が払うやつ？　そんな時、タイミング良くM先生が戻ってきた。あぁ、助かった。

(けど、嫌な予感……)

「稲田さん、hideさんが大変だからすぐ行って！　そこのビルの4階にいるから！」

(……やっぱり)

hideはこの店の目と鼻の先にある、行きつけのBAR「ブーフーウー」で呑んでいた。何が起きた？　僕は急いで店を出ると、ビルの階段を駆け上がった。4階の踊り場に上がると、泥酔したhideがひっくり返って、ヒデラになっていた。またか……。

「ざけんなちくしょう！　なんだぁ！　てめぇ、んなろ……」

ヒロシはそんなｈｉｄｅを介抱しようとするが、殴られたり、蹴られたりで、心底困り果てていた。

「ちょっと、ｈｉｄｅちゃん、大丈夫？　もう帰ろう」

「あぁ？　誰だテメェ……」

「俺だよ、イナだよ、イナ、もう帰ろうよ」

僕が名前を言うとｈｉｄｅはおとなしくなったが、とてもひとりで立ち上がれる状態ではなかった。ヒロシに車を取りに行かせ、その間にｈｉｄｅを1階まで運ぶことにした。エレベーターは無い。M先生と僕はｈｉｄｅを担ぎ上げ、階段を1段ずつ降りていった。1階に着く頃には膝もガクガクで立っているのがやっとだった。車は到着したが、ｈｉｄｅは再び暴れ出し、なかなか車に乗ろうとしない。夜の六本木の裏通りは大渋滞だ。クラクションが鳴り響く中、僕はｈｉｄｅを押さえ込み抱きかかえたまま、後部座席に転がり込んだ。

「ヒロシくん、早く車出して！」

車が走り出すとｈｉｄｅは静かになった。寝入ってしまったのだろうか？　もう、うんざりだった。僕は、彼を抱えたまま問いかけた。

「なんでいつも、こんなふうになるんだよ。怪我したらどうするんだよ、ギター弾けなくなるじゃん。いいのかよ？　もう勘弁してくれよ……」

怒っているのか、悲しいのか、悔しいのか、自分でもよくわからない感情が湧き出して、涙が溢れた。この時の僕の声は、ｈｉｄｅに届いていたのだろうか……。

11月18日
いよいよ3rdアルバムの制作がはじまろうとしていた。レコード会社のディレクター後藤さんの提案により、文明社会から隔離された山中湖のコテージで、1週間の曲作り合宿を行うことになった。ＬＡや麻布にプライベートなプリプロスタジオがあるというのに、なぜいまさら合宿なのかは謎だったが、東京にいると誘いが多くて仕事にならないというｈｉｄｅの言葉を拾ってのアイデアだろうか。
合宿先は「ミュージックイン山中湖」。大自然の中の広大な敷地にレコーディングスタジオやクラブハウス、宿泊施設のコテージが立ち並ぶ、いわゆるリゾートスタジオだ。僕らは、コテージをいくつか貸し切って、そのうちのひとつをプリプロルームとして使った。

「空気は素晴らしい……が、ネオンもない、宴会もない……山の日暮れは早く、寂しい……」

「hide's voice」より抜粋

ｈｉｄｅの言葉通り、ここには何も無かった。何も無いなりに、仕事もはかどったが、飽きるのも早かった。真面目に働いたのは最初の2〜3日で、そのあとは、夜になるとネオン街を探して徘徊したり、酒屋が無いのでコンビニの梅酒で乾杯したり、東京の友達を夜中に呼び出したり、後輩ミュージシャンを拉致して連れて来たりで、それはそれで面白かった。

健康的な生活が送れるよう、朝夕の食事はクラブハウスのおばちゃんが作ってくれたが、山中湖の朝は早く、いつものように昼まで寝ていると食事にありつけなくなるという恐怖もあった。そのため、朝一で起きてメシを食い、もう一度寝るという、健康なのか不健康なのかよくわからない生活を続けていた。ｈｉｄｅはメシ時になると、納豆嫌いの僕に敢えて納豆を勧めてきた。

「俺はXの合宿で納豆が食えるようになって、そっから大好きになったからイナちゃんも食ってみなよ」と毎日言われ続けたのが、かなりウザかった。食えないものは食えないってのに（笑）。肝心のプリプロのほうは、いつものように1曲を作り込んでいかず、曲のモチーフのようなものをたくさん作っていった。この期間で、作ったデモは12曲。その中にはｈｉｄｅの代表曲となる「ピンク スパイダー」の原型も含まれていた。

合宿が終わると僕らは東京へは戻らず熱海へ向かった。レコード会社の担当が僕らの慰安のため、熱海温泉一泊の旅をセッティングしてくれたのだ。海沿いにある観光ホテルに到着すると、総勢15名くらいはいただろうか、レコード会社やｈｉｄｅの事務所のスタッフ達が大勢で出迎えてくれた。その夜は大広間で宴を繰り広げ、その後はスタッフ達で大部屋に集まり部屋呑みとなった。

夜も更けてきた頃、突然、部屋の襖がガラッと開くと、離れの部屋で休んでいたはずのｈｉｄｅがほろ酔い状態で乱入してきた。

「よし、どっか行こう！」

ｈｉｄｅはそこにいたスタッフの半数ほどを引き連れて、ドカドカと大きな足音を立てながら部屋をあとにした。これ、ヤバイやつだと悟った僕は、慌ててｈｉｄｅについて行こうとするヒロシに向かって叫んだ。

「ヒロシ！　絶対に怪我させせんなよ！　手だけは怪我させせんなよ！」

「わ、わかりましたぁ！」

翌朝、朝食のために大広間に降りていくと、レコード会社のスタッフ達が俯きながら黙々とご飯を食べていた。広間は重苦しい空気に覆われ、まるで葬式のようだった。ｈｉｄｅもいない、ヒロシもいない、何があったのだろうか？

「実は、あのあと、ｈｉｄｅさんスリッパのまま外に出て行って、車のボンネットから飛び降りて足をやっちゃったらしいんですよ」

はぁ？　……ああ、またか。またやったか。

怪我のほうは、軽傷というわけではなさそうで、今朝、早々に病院へ運ばれたそうだ。僕と残されたスタッフ達は、チェックアウトしたあともロビーでｈｉｄｅを待つことにした。途中、付き添っているヒロシから、踵を粉砕骨折したとの連絡が入った。ＸＪＡＰＡＮの解散コンサートを1ヵ月後に控えたいま、いよいよ笑いごとでは済まされない事態になってきた。

何時間経っただろうか、応急手当が終わったので、いまからホテルに戻るとの連絡が入った。しばらくすると、ｈｉｄｅを乗せた愛車ジャガーが、静かにゆっくりと車寄せに入ってきた。ホテルの入り口でｈｉｄｅの帰りを待っていた僕は、すぐに車に駆け寄り、後部座席の窓から中を覗いた。運転していたヒロシに窓を開けさせ、ｈｉｄｅに声を掛けた。

「……大丈夫？」

サングラスをかけたｈｉｄｅは下を向いたまま、こちらを見ようともしない。

「……大丈夫なの？」

眠っているのか？　それにしては違和感がありすぎる。狸寝入りでもしているのだろうか。ヒロシが申し訳なさそうな顔で、勘弁してあげてくださいと目でサインを送ってきた。

「……ｈｉｄｅちゃん……大丈夫なの？」

ｈｉｄｅは何も答えず、ジャガーはそのまま東京へ向かって走り出した。

12月31日

X JAPAN「THE LAST LIVE〜最後の夜〜」

この日、ひとつの時代が終わりを迎えた。Xのマニピュレーターとしての最後の仕事を終えた僕がバックステージに戻ると、NHK「紅白歌合戦」の会場に向かおうとするHIDEが、ちょうど楽屋から出てきたところだった。思えば、いまの僕があるのも、このバンドに出会えたおかげだった。僕は、この数年間の想いを噛み締めながら、HIDEに最大級のリスペクトと感謝の気持ちを込め深々と頭を下げた。

「お疲れ様でした」

彼は僕の目をまっすぐに見据えて、小さく頷いていた。

hide with Spread Beaver

「こんどさ、ｈｉｄｅバンドに名前つけることになったからさ」

「え？　そうなの、へぇ〜」

「hide with Spread Beaver っていうんだけどさ……」

そう言うと、ｈｉｄｅは、その言葉の意味を満面の笑みで語り出した。

1998年1月1日
「hide起動…1998」
ＸＪＡＰＡＮの解散ライブから一夜明けた1998年元旦、ｈｉｄｅの起動を告げる新聞全面広告が紙面を飾った。解散を悲しむファンの人達に前を向いてもらおうというｈｉｄｅの想いから実現した企画だった。「hide with Spread Beaver」という名義での新曲リリース情報に驚いた人も多かったのではないだろうか。
とはいえ、これはｈｉｄｅが新しいバンドを組んだというニュアンスとも、少し違っていて、ｈｉｄｅ曰く「自分がロックをやっていく上での名義みたいなもの」という曖昧な定義だった。実際、「hide with Spread Beaver」になったからといって何かが変わるわけでもなく、楽曲制作はいままで通り、僕とｈｉｄｅのふたりで進められた。

1月5日

3rdアルバム制作へ向けての本格的なプリプロがスタートした。1月は「ROCKET DIVE」のリリースに伴う、ミュージックビデオ撮影、テレビ番組出演、ラジオ出演、雑誌インタビュー、写真撮影など、ｈｉｄｅのプロモーションスケジュールはびっしりだったが、2月の渡米までに制作関連で出来ることは、可能な限りやっておきたいという本人の希望から、1日だけのドラムレコーディングが予定された。まずは10日後に控えたこのレコーディングのために、現状で、ある程度曲の形が出来上がっている「SPIDER（仮題）」と「MONSTER（仮題）」のアレンジを固めていくことになった。

プリプロが終了すると、2日間のミュージックビデオ撮影を挟んだのち、定番の「一口坂スタジオ」でドラム録りが行われた。ドラマーはアルバム『PSYENCE』にも参加した、JOEとYANA。今回のレコーディング予定曲は、「SPIDER」と「MONSTER」の2曲だったが、事前に誰がどちらの曲を叩くのかは決まっていなかった。「SPIDER」はデモとして完成していたが、「MONSTER」は構成、アレンジ、サビのメロディーなど未完成の部分が多く、実際問題として、楽曲全体を通してのレコーディングは難しい状態だった。

『PSYENCE』と「zilch」の経験から、素材としてのドラムを録っておけば、「Pro Tools」編集で、どんな形にでも展開出来ることを知っていた僕らは、今回のレコーディングコンセプトを「音作り」と「素材録り」に特化させた。JOEとYANAには、後日、プログラミングでドラムパートを再構築するという前提で、楽曲をそれぞれの解釈で、好きなように叩いてもらった。

結果的には、これが3rdアルバムの核となる音作りに繋がっていった。僕は、「DAMAGE」の時に実証した、異なる2種類のドラムループをミックスするテクニックをさらに飛躍させ、いままでに無い新しいドラムサウンドを作る方法を編み出した。人間のグルーヴをバラバラにして、機械のグルーヴと融合させ、プログラミングで再構築する。hideはそれをサイボーグロックと名付けた。

ちなみに、この日レコーディングされた「SPIDER」と「MONSTER」は、ＬＡでのプリプロ作業を経て「ピンク スパイダー」「ever free」へと進化していく。


このアルバムでは、ｈｉｄｅからの驚きの新提案もあった。

「今回はイナちゃんにも曲を作ってもらいたいんだよね。いきなりフルサイズじゃなくても、まずは『LEMONed I Scream』みたいな短い曲とか、インタールードとかでもいいからさ」

「えぇ？　そうなの？　……わ、わかったけど、大丈夫かな……」

「大丈夫だよ(笑)」

それまで、自分が作曲をするという発想など皆無だった僕は、正直、驚きを隠せなかった。そもそも、未経験だし自信も無い。しかし、ｈｉｄｅが大丈夫と言うなら大丈夫のような気もしていた。いつだって彼が言い出すのは無理難題ばかりだったけれど、それを克服するのも楽しかったからだ。僕が作った曲にｈｉｄｅの歌が乗っかるなんて、考えただけでワクワクが止まらなかった。

「ROCKET DIVE」のリリース日が近づくにつれ、ｈｉｄｅのプロモーション活動は激化し、テレビ出演や撮影など「hide with Spread Beaver」が全員集合する機会も増えてきた。バンドはｈｉｄｅのソロツアーのメンバーをもとに構成されている。ギター：ＫＩＹＯＳＨＩ、ベース：ＣＨＩＲＯＬＹＮ、ドラムス：ＪＯＥ、キーボード：Ｄ．Ｉ．Ｅ．、ギター：ＫＡＺ、そして、コンピュータ＆パーカッション：Ｉ．Ｎ．Ａ．（メンバー表記は１９９８年当時のもの）の６人の怪人達。彼らが揃うと、そこはまるで小学校の昼休みの教室のように騒がしくなる。悪ガキ共は賑やかで騒々しくて破廉恥で、それなのに音を出すとバチっと決まる。そんな怪人達のバンドを、ｈｉｄｅは愛を持って「世界中のどこに出しても恥ずかしいバンド」と呼んだ。

悪ガキ共との戯れの日々が続く中、僕とｈｉｄｅがふたりきりになる瞬間があった。すると、ｈｉｄｅは神妙な面持ちで口を開いた。

「あのさ、俺、イナちゃんに謝らなきゃいけないことがあるんだ。なんか最近、イナちゃんに対しての俺の態度が、普段から、ライブのＭＣのノリみたいになってない？」

「……ん？」

なんのことを言っているのか、さっぱりわからなかった。

「悪いなぁと思っててさ、ほんとごめん。気をつけるから」

ステージ上のｈｉｄｅは、僕に「風俗エンジェル」というキャラを植え付け、メンバー紹介になると、大勢のお客さんの前であることないこと、いや、ほとんどないことを、しかも誇大表現で、散々言い散らかしていたのに、それが、いまになって何故？　というか、悪いなぁと思うなら、ステージ上でもやめてくれよ(笑)。

ｈｉｄｅは、普段から周りの人に、素の自分を見せようとはしなかった。ライブの時はもちろん、楽屋でふざけている時、居酒屋で呑んでいる時、外見上はオフでも、「ｈｉｄｅ」というパブリックな立ち位置にいる限り、彼はいつでもロックスターの「ｈｉｄｅ」だった。しかし、この時見せた彼の表情は「ｈｉｄｅ」のそれとは違っていた。僕が知っている、いつもどおりの彼だった。ふと思った。そうか、僕がずっと一緒に歩んできたのは「ｈｉｄｅ」ではなく、「松本秀人」だったんだ。ようやくだが、そのことに気がついた。そして、その「松本秀人」が少年の頃から憧れ追い求めてきたロックスターの姿、それこそが「ｈｉｄｅ」だったのだろう。

１９９８年2月1日

この日、僕と松本秀人は、３rdアルバム『Ja, Zoo』制作のため、ＬＡに旅立った。アルバム完成までの道のりは、とても長く険しいことだろう。だけど、僕はその先にある未来を想像して心を踊らせていた。今度は、どんなワクワクが待っているのだろう？

物語はまだ、はじまったばかりだ。

未来人

2014年12月10日

hide奇跡の新曲「子ギャル」がリリースされた。ことの発端は2012年の秋。hideのレコード会社であるユニバーサルミュージックのスタッフが、ヤマハの歌声合成ソフト「ボーカロイド」の開発チームへ、「hideさんの声で、曲を復活させたい」と相談を持ちかけたところからはじまっている。

話は1998年まで遡る。「子ギャル」は本来、3rdアルバム『Ja, Zoo』に収録されるはずの曲だった。しかし、アルバムの制作中、hideは忽然とこの世界から姿を消してしまった。制作途中だった大半の楽曲たちは、「hide with Spread Beaver」のメンバー、PATA、そして、hideの盟友達の協力によって完成に至った。だが、この「子ギャル」だけは、書き上がった歌詞を歌ったボーカルトラックが存在しなかったため、未完のままとなり、アルバム収録が見送られたのだった。

時は流れ、２０１２年秋、ユニバーサルの依頼を受けたヤマハのボーカロイド開発チームが、ｈｉｄｅの歌を蘇らせるために動き出した。それから、数ヵ月経ったある日、僕はユニバーサルとヤマハの合同ミーティングに呼び出された。「子ギャル」を復活させるためにメーカーが動いているという話は聞いていたが、そのほかは何も聞かされておらず、とりあえず出席して意見を聞かせて欲しいとのことだった。会議室に着くと、ボカロＰと呼ばれる数人の音楽制作スタッフを紹介された。彼らは歌声合成ソフト「ボーカロイド」のエキスパートで、今回、開発チームの作ったｈｉｄｅボーカロイドのプロトタイプを使い「子ギャル」のワンフレーズを試作したということだった。さっそく、どんなものなのか聴かせてもらった。

ダメだ。これはない。ボーカロイドの基になるデータは、実際のｈｉｄｅのボーカルトラックを解析して合成したそうだが、どう贔屓目にみてもｈｉｄｅの声には聴こえなかったのだ。

「無理ですね」

僕はそう言って席を立った。

それから1年が経った頃、再び召集がかかった。ヤマハは、以前までのスタッフを総入れ替えし、新たな開発チームを立ち上げたということだった。そして、既存のボーカロイド技術には無い、未公開の技術を駆使して作られたという、新しいデモ音源が用意されていた。商品にするには程遠いレベルではあったが、確かにｈｉｄｅが歌っているような、そんな雰囲気が音に表れていた。もしかしたら可能性はあるかもしれないと判断した僕は、ｈｉｄｅを敬愛するボーカリスト、ＣＵＴＴに協力してもらい、歌詞入りの「子ギャル」のデモ音源を制作した。それを手本にして、ｈｉｄｅの歌をボーカロイドで構築してもらうためである。

さらに半年が過ぎた頃、ヤマハから連絡が入った。歌詞入りのｈｉｄｅボーカロイド版「子ギャル」が、ほぼ完成したということだった。ユニバーサルの会議室に関係者が集まり全員で試聴した。

確かにｈｉｄｅの声だった。ボーカロイドでｈｉｄｅが蘇ったのだ。しかし、それは「ｈｉｄｅロイド」ではあっても、「ｈｉｄｅ」ではなかった。

「これはほんと凄いと思います。……でも、正直なところ、これを『ｈｉｄｅ』としてリリースするっていうのは、………」

hideだけど、hideじゃない。ファンの人達はどう思うだろう？　僕は、このhideロイド版の「子ギャル」を、hideの作品としてリリースすることに対し、どうしても首を縦に振ることが出来なかった。

もともと、このプロジェクトは、共同プロデューサーであるI.N.A.が、100%納得のいく形になるまではリリースしない、という約束で進められていたため、特に締め切りが決まっていたわけではない。時間をかければさらに良いものが出来る可能性もあるだろう。しかし、現代のテクノロジーでは、すでにこれが限界ということだった。開発されたボーカロイドソフトのリアルタイム演算処理速度にコンピュータが追いつかず、現状を打開するためには、次世代コンピュータの登場を待つしか方法は無かった。それは10年先か、いや、もっと先なのか、誰にもわからなかった。

商売だけを考えるのであれば、この形でリリースするという選択肢も無いとは限らない。だが、そんなことを言い出す人間はひとりもいなかった。hideの事務所、レコード会社、ヤマハの開発チーム、関わるすべての人がhideの音楽に最大の敬意を払っていた。僕は、そんなスタッフ達の想いに応えるため、最後の賭けに出た。

「1週間待ってください。あることをやってみます。それでダメならやめましょう」

発想は単純だった。プログラマーなら誰でも最初に思いつくようなことである。それは、過去のｈｉｄｅの歌素材から、「子ギャル」に必要な言葉の素材を選び出し、「Pro Tools」の編集機能を使って手作業で繋ぎ合わせ、ボーカロイドで作ったボーカルトラックに肉付けをしていくという方法だった。とはいえ、そんなことをやってのけたという前例はどこにも無く、実際に出来るものなのかどうかもわからなかった。

「大丈夫、ｈｉｄｅが言い出す無理難題には慣れている。やるだけやってみよう」

僕は自分にそう言い聞かせた。


ミーティングから帰るとすぐに作業に取り掛かり、連日連夜、ｈｉｄｅのボーカルトラックの切り貼りを繰り返した。

「♪〜恥じらうＰＯＳＥで　予定調話　ウキウキバスト　固定状態でゆこう」

簡単な作業ではなかった。「はじらう」という一節を作るだけでも、相当な時間を必要とした。まず、過去にレコーディングされた全曲分の歌素材の中から「は」の声素材を集める。「Hi-Ho」の「は」、「限界破裂」の「は」、様々な楽曲から膨大な数の「は」を抜き出していく。次に、その中から、音程、強さ、声のニュアンスといった音楽的要素を踏まえながら「子ギャル」に必要な「は」を選んでいく。「は」が決まれば、次は「じ」、それを繰り返し「はじらう」という言葉を作り出す。これで終わりでは無い。むしろ重要なのはここからだ。選んだ言葉をそのまま繋ぎ合わせただけでは音楽にならないので、次は歌い回しを考えながら、素材の入れ替えを行っていく。「はじらう」の「ら」を変えてみる。少し良くなった。音程をもう少し上げよう。「じ」はこっちほうがいいか？　やはり「は」を変えよう。そうやって何度も何度も上書きを繰り返していく中で、ｈｉｄｅの歌が出来上がっていった。

1週間後、「♪〜恥じらう〜ゆこう」までのデモが完成した。まだまだ納得のいくレベルではなかったが、時間をかければ、いつかは完成出来る。そんな確かな手応えだけはあった。

「これならいける！」

デモを聴いたスタッフ達、誰もがそう思っていた。しかし、懸念もあった。僕が手を加えれば、加えるだけ、いわゆるボカロっぽさという要素が打ち消されてしまうのである。

すると、ヤマハチームから改めて申し出があった。

「『子ギャル』はｈｉｄｅさんの曲です。Ｉ．Ｎ．Ａ．さんが納得いくような形に仕上げてください。ボーカロイドの歌声合成だけで形に出来なかったのは残念ですが、今回の開発で培った技術はまたどこかで使える日が来るでしょう」

僕はこの言葉を真摯に受け止め、彼らからバトンを受け取った。

２０１４年６月14日
「ボーカロイド合成技術として僕らが出来るのはここまでです。あとは、Ｉ．Ｎ．Ａ．さん、お願いします」
ミーティングから1ヵ月後、最終調整されたｈｉｄｅロイド版のボーカルトラックデータが僕のもとへ届いた。このトラックを基盤にして作業は進められていく。結果として、ヤマハチームが作り上げたボーカロイドトラックは、僕の肉付け作業によって、本来の良さを失ってしまうことになるかもしれない。しかし、彼らの挑戦と努力の成果が、「子ギャル」完成へ向けての架け橋となったのは間違いない。僕は彼らから託されたトラックに新たな命を吹き込むため、最大限のリスペクトを持って作業に挑んでいった。

この日から3ヵ月間、僕は取り憑かれたように作業に没頭した。ハードディスクという時間の扉を開け、未来人のパズルのピースを掻き集めた。収まりの悪いピースは形を整え、見つからないピースはゼロから作った。お手本となるhideの歌のテイクは無いけれど、僕の頭の中ではhideが歌う「子ギャル」のメロディーが鳴り続けている。何も考えずにそこへ向かっていけばいい。大嫌いだったボーカルディレクションも役に立ちそうだ。テクノロジーを駆使しているはずなのに、実際は手作業という発想もバ科学そのものだ。素材をバラバラにして再構築する方法はまさにサイボーグロック。あれから16年も経ったけど、何も変わっちゃいなかった。SPIRITSは永遠だった。

そう、3ヵ月に及んだ孤独な戦いの傍らには、いつもhideがいたのである。

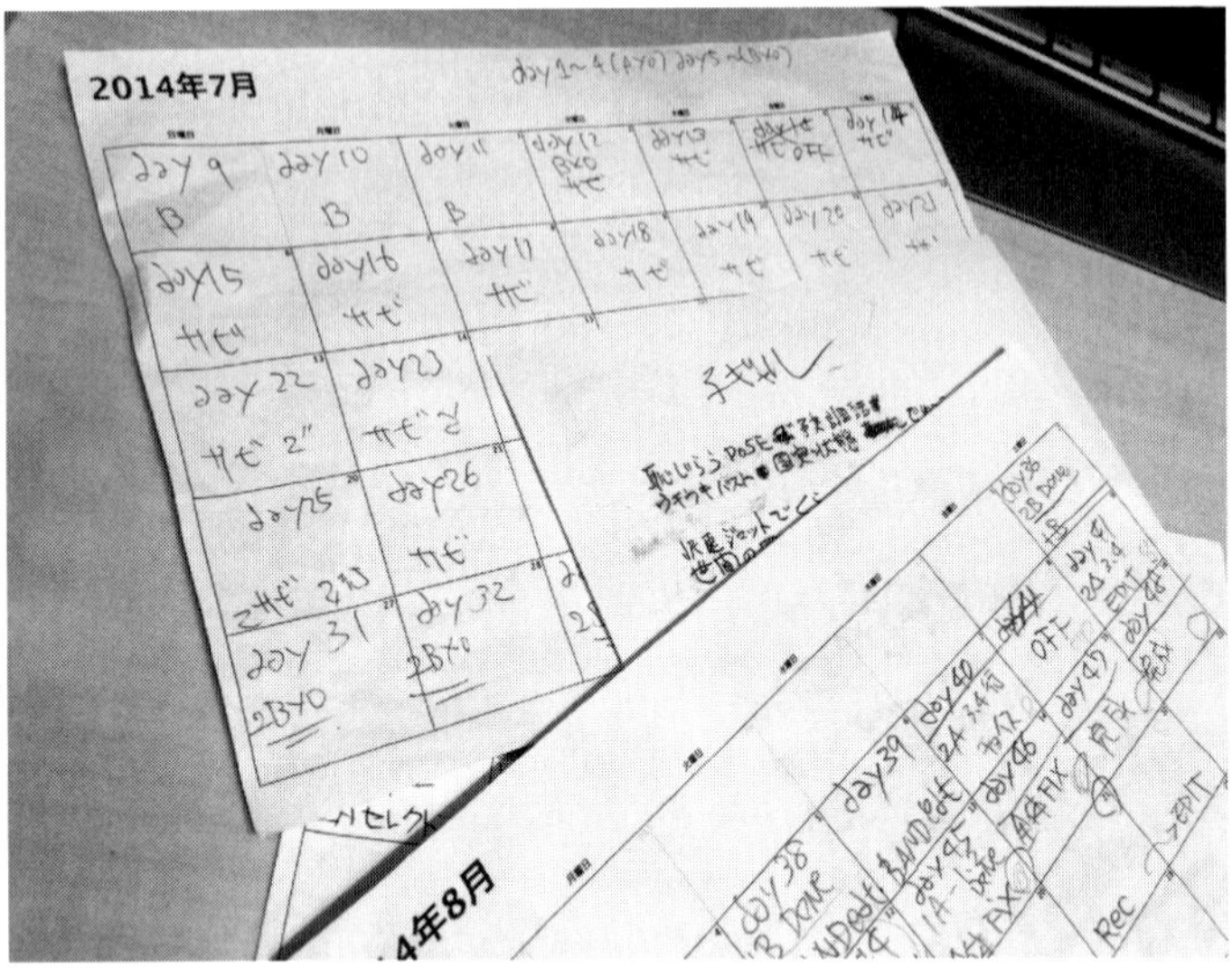
2014年7月
4年8月

２０１４年9月13日

「子ギャル」の最終ミックスの日がやってきた。スタジオは「ROCKET DIVE」のドラムレコーディングでも使われた「studio somewhere」。ロビーでヒロシ達と談笑していると懐かしさが込み上げてきた。

「子ギャル」のオケは、「hide with Spread Beaver」のＪＯＥ、「ZEPPET STORE」のＹＡＮＡ、「defspiral」のギタリストであるＭＡＳＡＴＯ、仮歌とコーラスを担当したＣＵＴＴ、彼らの協力により完成した。意図していたわけでは無いが、不思議なもので、結果的には当時のLEMONeDレーベルの所属アーティストだったメンバー達によって作られたことになる。特にＭＡＳＡＴＯとＣＵＴＴは、ｈｉｄｅに見出されながらも、本人とは会うことができなかったという経緯もあり、感慨深かったことだろう。

この「子ギャル」が完成することで、アルバム『Ja, Zoo』は完結する。随分と長い時間がかかってしまったが、僕自身、まさかこのアルバムが完成する日が来るとは夢にも思っていなかった。いまは関わるすべての人に、感謝しかない。そして、それは遂に完成の瞬間を迎えた。

「イナさん、最終チェック終わりました。これで完成です。聴いてみましょう！」
僕はいつものように、コントロール・ルームの中央に設置されたディレクターズデスクにつき、深呼吸をしてから再生ボタンを押した。

「♪～Ｐａ Ｐａ Ｐａ Ｐａ～ Ｐａ Ｐａ……」

軽快なギターリフが爆音で鳴り響き、ドラムとベースがあとを追いかける。

「♪～恥じらうＰＯＳＥで予定調和　ウキウキバスト　固定状態でゆこう……」

聴き慣れたｈｉｄｅの声に耳を傾けながら、僕はゆっくりと瞳を閉じた。

スピーカーの向こう側、ガラス窓を隔てたボーカルブースの中で、ｈｉｄｅが歌いながら嬉しそうに飛び跳ねていた。気がつくと、涙が溢れて止まらなくなっていた。でも、それは悲しみの涙ではなく、久しぶりの再会を懐かしむ喜びの涙だった。

「ｈｉｄｅちゃん……おかえり！」

未完の3rdアルバム『Ja，Zoo』、16年の時を経て、ここに完結。

エピローグ

１９９９年12月某日のことである。Ｍａｃを新調し、メールソフトを立ち上げると、ポン！という軽快な音と共に、一通のメールが届いた。差出人を見てびっくりした。

差出人：psyence@●●●●.co.jp（hide）
こんにちわヒデです。インターネットは動きましたか？　動いているのならお手紙下さいな。文通しましょう。
ｈｉｄｅ

いったい、いつ送信したメールなのだろうか、どこまでも、人を驚かすのが好きな男だ。あれは、確か97年くらいだったろうか、ｈｉｄｅが自身のホームページを管理する会社に頼んで、僕のメールアドレスを作ってくれたことがあった。当時の僕はネットをやっていなかったため、メルアドも必要無かったわけだが、ある日のプリプロの帰りがけに、「イナちゃん、メールしといたよ。読んでね〜」とニンマリしていたことを思い出した。

こんなことがあると、彼はまだどこか別の世界で、赤い髪を逆立て、極彩色のギターをかき鳴らしているのではと思えてくる。そして、こっちの世界がちょっとぼかし気になりはじめると、遊びに戻ってくるんだ。

もうすぐ、またあの季節がやってくる。今年はｈｉｄｅが永眠して20年という大きな節目を迎え、「hide with Spread Beaver」が再び集結、お台場野外特設ステージで2日間に渡ってライブを開催する。

hide 20th memorial SUPER LIVE「SPIRITS」

なんだか騒がしくなりそうだ。

宛先：psyence@●●●●.co.jp（hide）
差出人：ina@●●●●.co.jp
件名：Re:

1998年5月2日、目が覚めると君のいない世界がはじまっていた。あれからいろいろあって、ホントいろいろあって、でも、いまじゃこの世界も悪くないなって思えるようになったよ。

いまどこですか？　あのイビツなロケットで宇宙のどこかを旅しながら、NOISEの花を咲かせているのかな？　いつかまた逢えたら、あのLAの青い空の下、8畳間のプリプロルームで、もう1回ふたりしてバンドやろうよ。楽しみにしています。

また春が来たね。君を愛する人々が、今日というこの日を笑顔で過ごせるように、どうか見守っててください。これからも、ずっと。いつまでも、ずっと。

I.N.A.

Special Thanks

Special Thanks to
HEADWAX ORGANIZATION CO.,LTD.
UNIVERSAL MUSIC LCC
Everyone involved with “hide 20th Memorial Project”
EMTG株式会社、株式会社エムオン・エンタテインメント、
株式会社ジャックアップ、Rock Bar REDSHOES

Very Special Thanks to
X JAPAN, hide with Spread Beaver, zilch

In memory of Paul Raven, Bill Kennedy & Mayuko Kishi

Thank you “hide” for being you.

この書籍に関わったすべての人に心から感謝します。

I.N.A.

著者紹介

I.N.A.（イナ）（hide with Spread Beaver）

hideの共同プロデューサー＆プログラマー、X JAPANのサポートメンバーとして、日本のロック界を裏側から支えてきた音楽プロデューサー。様々なアーティストへ唯一無二のサウンドを提供する傍ら、IID世田谷ものづくり学校にスタジオを構え、音楽ワークショップ「電脳音楽塾」を展開中。

INA OFFICIAL WEB SITE : http://www.AREA014.com/

電脳音楽塾 : http://www.pinxrecords.com/

君のいない世界～hideと過ごした2486日間の軌跡～

2018年5月20日　初版発行
2022年1月20日　第7版発行

著　者　I.N.A.（hide with Spread Beaver）
発行者　堤 聡
発行所　株式会社ヤマハミュージックエンタテインメントホールディングス
ミュージックメディア部
〒171-0033　東京都豊島区高田3-19-10
TEL. 03-6894-0250（営業）
インターネット・ホームページ　https://www.ymm.co.jp

協　力　松本裕士、佐々木繁、塚田かず美、大森恵美子（株式会社ヘッドワックスオーガナイゼーション）

装丁・デザイン　t.o.L
本文DTP制作　株式会社明昌堂
編集　吉田三代、鏑木利明
印刷・製本　シナノ印刷株式会社

ISBN978-4-636-95099-1